Gerenciamento de stakeholders em projetos

Central de Qualidade — FGV Management
ouvidoria@fgv.br

PUBLICAÇÕES
FGV Management

SÉRIE GERENCIAMENTO DE PROJETOS

Gerenciamento de stakeholders em projetos

José Ângelo Santos do Valle

Álvaro Antônio Bueno de Camargo

Edmarson Bacelar Mota

Paula Misan Klajnberg Zygielszyper

FGV | EDITORA IDE

Direitos desta edição reservados à
EDITORA FGV
Rua Jornalista Orlando Dantas, 37
22231-010 — Rio de Janeiro, RJ — Brasil
Tels.: 0800-021-7777 — (21) 3799-4427
Fax: (21) 3799-4430
e-mail: editora@fgv.br — pedidoseditora@fgv.br
web site: www.fgv.br/editora

Impresso no Brasil / *Printed in Brazil*

1ª edição — 2014; 1ª e 2ª reimpressões — 2014; 3ª e 4ª reimpressões — 2015.
5ª reimpressão — 2016.

Revisão de originais: Sandra Frank
Editoração eletrônica: FA Studio
Revisão: Fernanda Villa Nova de Mello e Jun Shimada
Capa: aspecto:design
Ilustração de capa: André Bethlem

Valle, José Ângelo Santos do
Gerenciamento de stakeholders em projetos / José Ângelo Santos do Valle...[et al.]. – Rio de Janeiro : Editora FGV, 2014.
151 p. – (Gerenciamento de projetos (FGV Management))

Em colaboração com: Álvaro Antônio Bueno de Camargo, Edmarson Bacelar Mota, Paula Misan Klajnberg Zygielszyper.
Publicações FGV Management.
Inclui bibliografia.
ISBN: 978-85-225-1511-0

1. Administração de projetos. 2. Stakeholders. 3. Desenvolvimento organizacional. I. Camargo, Álvaro Antônio Bueno de. II. Mota, Edmarson Bacelar. III. Zygielszyper, Paula Misan Klajnberg. IV. FGV Management. V. Fundação Getulio Vargas. VI. Título. VII. Série.

CDD – 658.404

Aos nossos alunos e aos nossos colegas docentes, que nos levam a pensar e repensar nossas práticas.

Sumário

Apresentação

Este livro compõe as Publicações FGV Management, programa de educação continuada da Fundação Getulio Vargas (FGV).

A FGV é uma instituição de direito privado, com mais de meio século de existência, gerando conhecimento por meio da pesquisa, transmitindo informações e formando habilidades por meio da educação, prestando assistência técnica às organizações e contribuindo para um Brasil sustentável e competitivo no cenário internacional.

A estrutura acadêmica da FGV é composta por nove escolas e institutos, a saber: Escola Brasileira de Administração Pública e de Empresas (Ebape), dirigida pelo professor Flavio Carvalho de Vasconcelos; Escola de Administração de Empresas de São Paulo (Eaesp), dirigida pela professora Maria Tereza Leme Fleury; Escola de Pós-Graduação em Economia (EPGE), dirigida pelo professor Rubens Penha Cysne; Centro de Pesquisa e Documentação de História Contemporânea do Brasil (Cpdoc), dirigido pelo professor Celso Castro; Escola de Direito de São Paulo (Direito GV), dirigida pelo professor Oscar Vilhena Vieira; Escola de Direito do Rio de Janeiro (Direito Rio), dirigida pelo professor Joaquim Falcão; Escola de Economia de São Paulo (Eesp), dirigida pelo professor Yoshiaki Nakano; Instituto Brasileiro de Economia (Ibre), dirigido pelo professor Luiz Guilherme Schymura de Oliveira; e Escola de Matemática Aplicada (Emap), dirigida pela professora Maria Izabel Tavares Gramacho. São diversas unidades com a marca FGV, trabalhando com a mesma filosofia: gerar e disseminar o conhecimento pelo país.

Dentro de suas áreas específicas de conhecimento, cada escola é responsável pela criação e elaboração dos cursos oferecidos pelo Instituto de Desenvolvimento Educacional (IDE), criado em 2003, com o objetivo de coordenar e gerenciar uma rede de distribuição única para os produtos e serviços educacionais produzidos pela FGV, por meio de suas escolas. Dirigido pelo professor Clovis de Faro e contando com a direção acadêmica do professor Carlos Osmar Bertero, o IDE engloba o programa FGV Management e sua rede conveniada, distribuída em todo o país (ver www.fgv.br/fgvmanagement), o programa de ensino a distância FGV Online (ver www.fgv.br/fgvonline), a Central de Qualidade e Inteligência de Negócios e o Programa de Cursos In Company. Por meio de seus programas, o IDE desenvolve soluções em educação presencial e a distância e em treinamento corporativo customizado, prestando apoio efetivo à rede FGV, de acordo com os padrões de excelência da instituição.

Este livro representa mais um esforço da FGV em socializar seu aprendizado e suas conquistas. Ele é escrito por professores do FGV Management, profissionais de reconhecida competência acadêmica e prática, o que torna possível atender às demandas do mercado, tendo como suporte sólida fundamentação teórica.

A FGV espera, com mais essa iniciativa, oferecer a estudantes, gestores, técnicos e a todos aqueles que têm internalizado o conceito de educação continuada, tão relevante na era do conhecimento na qual se vive, insumos que, agregados às suas práticas, possam contribuir para sua especialização, atualização e aperfeiçoamento.

Rubens Mario Alberto Wachholz
Diretor do Instituto de Desenvolvimento Educacional

Mario Couto Soares Pinto
Diretor Executivo do FGV Management

Sylvia Constant Vergara
Coordenadora das Publicações FGV Management

Introdução

O que pretendemos com este livro é que ele seja usado como uma referência de cunho didático por pessoas que necessitem aplicar, de forma eficaz, o processo de gerenciamento de *stakeholders* nas suas atividades em projetos.

A edição de um livro sobre a área específica do gerenciamento de projetos implica alguns desafios para os autores e para o leitor. Um deles provém do fato de que os temas ligados ao gerenciamento de projetos são, pela própria natureza, altamente correlacionados e interdependentes, em especial na área de comunicação em projetos. Tal área engloba atividades que consomem parte substancial do tempo do gerente de projetos, sendo, por excelência, um apoio fundamental para o acompanhamento das outras áreas do gerenciamento, as quais dependem da obtenção e envio de informações aos interessados e participantes do empreendimento.

O livro se apoia em soluções práticas para questões comportamentais, de cunho mais subjetivo e qualitativo, complementando visões mais técnicas e experiências adquiridas em questões mais estruturadas, tais como: engenharia, tecnologia da informação e finanças, entre outras áreas do conhecimento.

Procuramos estender a linha básica dos processos definidos nos guias tradicionais, como o guia *PMBOK* (PMI, 2013a), a outros aspectos gerais do processo de gerenciamento de *stakeholders*, bem como fornecer subsídios para a melhoria de algumas competências pessoais do gerente de projetos ligadas ao tema, fator primordial para que ele consiga realizar seus objetivos nessa área.

O Project Management Institute (PMI), por meio da publicação do guia *PMBOK*, apresentado em português como *Um guia do conjunto de conhecimentos em gerenciamento de projetos*, tem sido um referencial internacional para as organizações que necessitam implantar processos, métodos e instrumentos de gerenciamento de programas e projetos.

O guia *PMBOK* (PMI, 2013a) apresenta as 10 áreas de conhecimento sobre gerenciamento de projetos e é reconhecido por indicar as práticas de gerenciamento de projetos recomendadas por profissionais e pesquisadores do tema. A área de gerenciamento de *stakeholders* em projetos é apresentada mais especificamente no capítulo 13 do guia *PMBOK*, em que são descritos os processos relativos à identificação, planejamento, gerenciamento e controle do engajamento das pessoas e organizações interessadas, afetadas, influenciadas ou ativamente envolvidas no projeto.

Exemplos e casos práticos são apresentados, de forma a facilitar o estudo e a compreensão dos processos e dos conceitos aqui elencados, visto que a terminologia utilizada, bem como a visão estruturada do guia *PMBOK* e sua organização como um guia de conhecimentos, nem sempre são de fácil assimilação para os leitores.

Neste livro sobre gerenciamento de *stakeholders* em projetos, referenciamo-nos à linha básica da quinta edição do guia

PMBOK, publicada em 2013. Como o PMI tem por política rever seu guia a cada quatro anos, estando em sua quinta edição, podemos perceber como essas áreas de conhecimentos estão em permanente pesquisa e constante evolução.

Este livro está estruturado em três capítulos, além desta introdução, da conclusão e dos apêndices.

No primeiro capítulo, são discutidos os aspectos gerais do relacionamento com *stakeholders* em projetos, sua conceituação, a teoria dos *stakeholders* e a importância deles, bem como diversos pontos comuns para entendimento de seu gerenciamento.

No segundo capítulo, apresentamos a descrição dos processos de gerenciamento de *stakeholders*, ferramentas e técnicas recomendadas para a identificação e análise deles e os aspectos relacionados à ética profissional no relacionamento com os *stakeholders* em seu engajamento no projeto.

No terceiro capítulo, abordamos os aspectos comportamentais relacionados aos *stakeholders*, com destaque para seu envolvimento nas mudanças causadas por projetos e a importância da participação dos *stakeholders* na gestão do processo de mudança.

Os apêndices apresentam estudos de casos ligados ao gerenciamento de *stakeholders* e um exemplo de plano de gerenciamento dessas pessoas e/ou organizações. Devido às variedades de requisitos que cada projeto pode exigir, não existem modelos fixos, mas tal material pode servir de exemplo para preparação, pelo leitor, de suas próprias ferramentas de registro, avaliação, análise e acompanhamento no momento de gerenciar *stakeholders* em projetos.

1

Gerenciamento de stakeholders em projetos

Projeto é um esforço temporário destinado a gerar um novo produto, serviço ou resultado (PMI, 2013a). Isso significa que, ao final de um projeto bem-sucedido, algo novo vai surgir. Pode-se dizer que esse algo novo é uma mudança em relação à situação anterior. Essa mudança pode agradar ou desagradar, em maior ou menor grau, àqueles que são afetados por ela. Algumas pessoas serão favoráveis à mudança. Outras não se incomodarão com a mudança. Finalmente, pode haver aqueles que são contrários à mudança introduzida pelo projeto. Além disso, um projeto só será exequível e gerará os resultados desejados se houver uma coalizão de apoio suficientemente forte. Sem essa coalizão, qualquer projeto estará fadado ao insucesso (Boutillier, 2012). Justamente por isso é que o estudo dos *stakeholders* em projetos é essencial. Um bom trabalho de gerenciamento de *stakeholders* fará com que um projeto seja mais bem aceito pelas partes interessadas e afetadas.

O capítulo 1 define o que é *stakeholder* e seu gerenciamento e fornece exemplos de *stakeholders* típicos em projetos. Além disso, trata do uso da palavra *stakeholder* no contexto de países de língua portuguesa, como é o caso do Brasil, explicando a razão da adoção do termo original em inglês, em vez de fazer uso de uma palavra traduzida.

O que são stakeholders?

A palavra inglesa *stakeholder* é formada pela junção da palavra *stake* com a palavra *holder*. O *Novo Michaelis dicionário ilustrado* (Pietschke e Wimmer, 1986) informa que a palavra *stake* tem vários significados em português, como "estaca", "poste" ou "mourão". Mas essa palavra também significa "aposta", "dinheiro apostado", "prêmio", "risco", "interesse" ou "parte". Já a palavra *holder*, segundo esse dicionário, é o mesmo que "proprietário", "dono" ou "arrendatário". A junção dessas duas palavras resulta em algo similar a "alguém que possui interesse" em algo.

A expressão "parte interessada" é uma das possíveis traduções para a palavra *stakeholder* em português. Essa é a expressão que consta no guia *PMBOK* (PMI, 2013a) em sua versão na língua portuguesa. No Brasil, é comum também o uso de outras palavras para a tradução de *stakeholders*: "intervenientes", "afetados" ou "impactados". No guia *PMBOK*, a palavra *stakeholder* se refere a pessoas ou organizações ativamente envolvidas no projeto, que têm interesse no projeto ou que são afetadas por ele.

Segundo Freeman e colaboradores (2010), a palavra *stakeholder* surge na literatura de negócios num memorando interno do Stanford Research Institute (atualmente SRI International Inc.), em 1963. O termo foi usado, nesse documento, para criar a noção do grupo ao qual o gerente do projeto deveria responder e originalmente expresso como "aqueles grupos cuja falta de suporte faria com que a organização parasse de existir". A lista de *stakeholders* original incluía acionistas, empregados, clientes, fornecedores, financiadores e sociedade. Nessa época, o termo *stakeholder* estava relacionado com algo que ajudava as corporações a serem bem-sucedidas no alcance de seus objetivos (Sternberg, 1999).

Kezner (2009) define *stakeholders* como indivíduos ou organizações que podem ser impactadas favoravelmente ou não pelo projeto. Já o guia *PMBOK* (PMI, 2013a) define *stakeholders* como pessoas, organizações, clientes, patrocinadores, organizações executoras e o público, que estejam ativamente envolvidas no projeto ou cujos interesses possam ser afetados de forma positiva ou negativa pela execução e término do projeto. Ainda segundo o guia *PMBOK*, os *stakeholders* podem exercer influência sobre o projeto e suas entregas.

Sternberg (1999) define, em linguagem comum, *stakeholder* como uma pessoa que tem a participação em algo que é desenvolvido por outros. A noção de *stakeholder* está relacionada, assim, com o fato de que algo está "em jogo". Existe, portanto, um risco de ganho ou de perda de algo pelo *stakeholder*. O autor afirma ainda que a definição de *stakeholder* está relacionada com três conceitos distintos, apresentados a seguir:

- *conceito 1*: *interesse* – é mais provável que as pessoas deem importância a um processo quando possuem interesse em seu resultado. Observe que o interesse não precisa ser financeiro. Nesse contexto, é necessário identificar quem tem interesse no projeto e quais são seus interesses. A busca pelo equilíbrio de interesses é a chave para o sucesso do projeto;
- *conceito 2*: *complexidade da realidade* – a realidade é complexa. Diversos atores estão envolvidos e podem exercer influência sobre determinado projeto. Até quem não tem interesse direto em um projeto pode prejudicar seu andamento em função de suas ações ou da falta de ações. Um exemplo

clássico é a burocracia estatal, que torna lento o processo de obtenção de licenças. Nesse contexto, é necessário identificar as partes interessadas e definir uma estratégia para que a influência das mesmas não impeça o desenvolvimento do projeto;

- *conceito 3*: *partes interessadas como detentoras de direitos* – esse conceito não está relacionado com motivação financeira ou relações funcionais com o projeto. O conceito de *stakeholders* existe em função da existência de direitos das partes interessadas. Um exemplo são as gerações futuras. Existe consenso, na sociedade contemporânea, de que as gerações futuras merecem herdar um mundo ambientalmente preservado. A admissão de que as gerações futuras têm esse direito pode criar uma situação de legitimidade da intervenção governamental em quase qualquer tipo de projeto.

Fremann e colaboradores (2010) asseveram que o conceito de *stakeholders* se expandiu em diversas áreas de conhecimento em negócios como estratégia empresarial, teoria de sistemas, responsabilidade social corporativa e gerenciamento de projetos.

Em grandes projetos, como na construção de usinas hidrelétricas, o número de partes interessadas pode ser enorme, com a existência de diferentes grupos de *stakeholders*. Além dos grupos mais óbvios, como cliente, investidores, empregados, equipe de projeto e comunidade, podem existir muitos outros grupos. No entanto, Sternberg (1999) cita um rol diferenciado de partes interessadas que são levadas em consideração em muitos projetos de governo e da iniciativa privada: terroristas, concorrentes, vegetação, criaturas marinhas e gerações futuras.

Boutillier (2012) apresenta uma definição simples sobre o que é um *stakeholder*: alguém que é afetado por uma empresa ou que pode afetar uma empresa. Embora essa definição seja realmente simples, observe que a mesma inclui pessoas que estão em situação de risco de serem afetadas pela empresa e seus projetos assim como aquelas que são capazes de afetar a empresa, mesmo que não tenham agido para prejudicá-la. Também é necessário notar que uma parte afetada ou interessada pode ser uma pessoa, um grupo ou uma organização. Boutillier (2012) também usa a palavra "ator" como sinônimo de *stakeholder* para designar qualquer pessoa, grupo ou organização que pode falar com uma só voz, ou seja, tem identidade própria.

Todos os stakeholders são humanos?

Um *stakeholder* pode ser uma pessoa, um grupo ou uma organização. Nesse caso, estamos falando de algo que tem um aspecto em comum: esses *stakeholders* são pessoas ou grupos de pessoas. Mas será que existem *stakeholders* que não são seres humanos ou grupos de seres humanos? Essa questão faz sentido. Existem, por exemplo, projetos que podem afetar a natureza. Será que a natureza e o meio ambiente poderiam ser considerados *stakeholders*?

Boutillier (2012) esclarece que, realmente, existem entidades, como a flora e a fauna, que podem ser prejudicados pela atividade humana. Mas, segundo o autor, qualquer entidade que não possa aceitar uma responsabilidade moral não pode ser considerada verdadeiramente uma parte interessada. A natureza, por exemplo, não pode entrar em acordo com uma empresa. Uma parte interessada deve ter um elemento crucial para ser considerada como tal: moral. Outro ponto importante destacado por esse autor é que a inclusão de entidades não humanas como partes interessadas torna o conceito tão amplo que impede a criação de uma estrutura lógica para desenvolvimento de uma estratégia e de um plano de ação. Não obstante, a flora e a fauna podem ser defendidas por pessoas, como deputados e senadores, ou por organizações não governamentais (ONGs).

Considerações sobre o uso da palavra stakeholder em português

Uma vez esclarecido o significado da palavra *stakeholder*, é possível mostrar os sinônimos mais usuais dessa palavra na língua portuguesa. O Quadro 1 mostra os sinônimos e traz uma explicação do seu significado.

Quadro 1

SINÔNIMOS DA PALAVRA STAKEHOLDER

Sinônimos	Explicação
Afetado	Particípio passado do verbo afetar. Adjetivo. 1. Que mostra afetação. 2. Que sofreu afecção (Ferreira, 1986). No caso de projetos, os significados que interessam são: produzir lesão, atingir, lesar, afligir, abalar, concernir ou interessar aquele que é afetado.
Impactado	Essa palavra não consta do *Novo dicionário Aurélio*, mas podemos entendê-la como aquele que sofreu um impacto, ou seja, aquele que sofreu um choque, uma colisão ou um abalo moral.
Interveniente	É aquele que intervém (interventor), aquele que pratica intervenção (Ferreira, 1986).
Parte interessada	Pessoas e organizações, como clientes, patrocinadores, organizações executoras e o público, que estejam ativamente envolvidas no projeto ou cujos interesses possam ser afetados, de forma positiva ou negativa, pela execução ou término do projeto (PMI, 2013a).

A análise de conteúdo do Quadro 1 mostra que boa parte dos *stakeholders* em projetos poderia ser designada pelos sinônimos contidos no mesmo. Mas será que o que está contido no Quadro 1 poderia ser usado em qualquer situação para expressar o conceito de *stakeholder*? Um empreiteiro pode, por exemplo, ter interesse em obter um contrato para execução de determinada obra. Sendo assim, seria um *stakeholder* do projeto. Mas, uma vez que o mesmo tenha perdido a concorrência, não haverá mais nenhum outro impacto ou intervenção dele no projeto. Nesse caso, a organização executora do projeto não precisa se preocupar mais com esse *stakeholder*. Não haverá necessidade de nenhuma ação de gestão a ser feita em relação ao empreiteiro que perdeu a concorrência. Seria possível dizer, entretanto, que o empreiteiro foi afetado pelo projeto ao perder a oportunidade de ganhar um contrato. Mas, por outro lado, não é possível afirmar que ele sofreu prejuízo com isso. Ele apenas perdeu uma oportunidade de auferir ganhos. Em outras palavras: deixou de ganhar algo. E, uma vez que ele tenha perdido a concorrência, seu interesse no projeto simplesmente desaparece. Isso leva à conclusão de que, em determinadas situações, existem *stakeholders* temporários em projetos. Temporalidade é, portanto, um possível atributo de um *stakeholder*.

Já a palavra interveniente significa aquele que intervém. Observe que nem todo *stakeholder* intervém no projeto. Por outro lado, partes interessadas são todos aqueles que têm um interesse positivo ou negativo no projeto, independentemente de estarem conscientes ou não de sua condição de *stakeholder*.

A palavra *stakeholder* é mundialmente conhecida pelos profissionais de gerenciamento de projeto. No Brasil, o termo é usado correntemente apesar de constituir um estrangeirismo.

A única sugestão para a boa prática de gerenciamento de um projeto é que o termo a ser utilizado seja padronizado desde o início do projeto para evitar problemas de comunicação.

A teoria de stakeholders

É bastante comum o entendimento de que as corporações pertencem a seus proprietários ou acionistas. Essa visão comum admite que a empresa tenha uma responsabilidade limitada pelos efeitos de suas operações sobre outros (Fremann et al.,

2010). O problema é que o mundo atual não comporta mais uma empresa (ou qualquer outra organização) que não se responsabilize pelos efeitos de sua atividade. O projeto de implantação de uma indústria, por exemplo, pode ser problemático na medida em que cause poluição em sua vizinhança. Esse efeito adverso pode, em última instância, inviabilizar o projeto, devido, por exemplo, às pressões políticas da comunidade no entorno do projeto. Dependendo do estágio em que o projeto se encontre, o impedimento da construção da indústria criará sérios problemas econômicos para o empreendedor. Para resolver questões desse tipo, foi criada a teoria dos *stakeholders*. Essa teoria, segundo Fremann e colaboradores (2010), busca esclarecer e resolver o problema da criação de valor, que envolve, nos países capitalistas, o estabelecimento de empresas. No entanto, as empresas não podem operar separadamente do contexto social em que se encontram. Na prática, quase toda decisão negocial gera posicionamentos éticos (Harris e Freeman, 2008). Isso pode ser comprovado por meio das seguintes perguntas, que são comuns a qualquer decisão de negócio (Fremann et al., 2010):

- ❑ Se essa decisão for tomada, para quem estaremos criando valor?
- ❑ Se essa decisão for tomada, para quem estaremos destruindo valor?
- ❑ Quem será prejudicado ou beneficiado por essa decisão?
- ❑ Quem terá e não terá direito se essa decisão for tomada?
- ❑ Quais valores serão percebidos se essa decisão for tomada?

Fremann e colaboradores (2010) afirmam que a maior parte das decisões de negócio possui algum conteúdo ético ou uma visão ética implícita. Inversamente, a maior parte das decisões éticas também possui algum conteúdo relacionado com negócios ou uma visão implícita sobre negócios. Dessa forma, pode-se afirmar que:

- não faz sentido falar de negócios sem falar de ética;
- não faz sentido falar de ética sem falar de negócios;
- não faz sentido falar de negócios e de ética sem falar de seres humanos.

De forma resumida é possível afirmar que a teoria de *stakeholders* aborda dois problemas distintos (Fremann et al., 2010), apresentados a *seguir*.

Problema 1 – A questão da ética no capitalismo

Não é possível separar negócios de aspectos éticos. Também não é possível separar a relação das empresas com as demais partes interessadas e instituições existentes na sociedade moderna. A existência dessas impossibilidades cria perguntas que necessitam de respostas (Fremann et al., 2010):

- Como fazer com que os efeitos do capitalismo possam ser levados em consideração pelos decisores antes de afetar a sociedade?
- Podemos continuar a dividir o mundo entre questões éticas e de negócios?
- É possível para os executivos "fazer a coisa certa" considerando a realidade, não importando o quão complexa seja a mesma?
- Como podemos entender tanto "negócio" como "ética", de forma que possamos tratar de ambos de forma integrada, tanto conceitualmente quanto na prática?

Problema 2 – A questão da mentalidade gerencial

Fremann e colaboradores (2010) afirmam que a mentalidade gerencial existente ainda não é apropriada para o ambiente de negócios turbulento que as empresas enfrentam atualmente.

Do ponto de vista prático, as empresas enfrentam um desafio relacionado à mudança de mentalidade de seus dirigentes e gerentes. Assim, questões importantes, como as expostas a seguir, precisam ser respondidas (Fremann et al., 2010):

- Como podem os gerentes adotar uma mentalidade na qual os aspectos éticos e de negócio estejam juntos nos processos rotineiros de tomada de decisões?
- Como fazer para que a turbulência, a globalização e a ética façam parte da rotina de trabalho de um gerente?

Exemplos de stakeholders e sua classificação

Wideman (2004) aponta os seguintes tipos de *stakeholders* usualmente existentes em projetos:

- qualquer um que esteja diretamente relacionado com o projeto, como fornecedores, consumidores e todos os envolvidos no processo do projeto;
- aqueles que têm influência sobre as condições físicas, infraestrutura, tecnologia e condições comerciais, financeiras, socioeconômicas e políticas que afetam o projeto;
- aqueles que têm uma relação hierárquica com o projeto, como, por exemplo, autoridades governamentais;
- indivíduos, grupos ou associações que possuem direitos adquiridos, muitos dos quais não diretamente envolvidos com o projeto, mas que podem vê-lo como uma oportunidade de ampliação ou ameaça desses direitos.

A necessidade de identificar *stakeholders* em projetos torna sua classificação necessária, já que é pouco provável o êxito do gerenciamento de *stakeholders* sem algum tipo de classificação associada. Classificar é colocar objetos em categorias diferentes mutuamente excludentes entre si e associadas a uma estrutura hierárquica imposta por uma ordenação arbitrária da realidade. É um processo de divisão em grupos, que visa tornar alguma coisa mais gerenciável (Crawford, Hobbs e Turner, 2002). Como qualquer processo, a classificação tem consequências positivas e negativas. Do ponto de vista positivo, a classificação permite o desenvolvimento de uma linguagem padronizada, a qual é a base para estabelecer um corpo de conhecimento. A classificação também é um processo que auxilia no movimento de informações de um contexto para outro, facilita a comunicação e permite que diferentes pessoas e organizações possam trocar informações de uma maneira mais adequada.

Por outro lado, a classificação traz em seu bojo algumas desvantagens, as quais podem ser críticas para o gerenciamento de *stakeholders*:

- o uso de sistemas de classificação pode criar barreiras à comunicação, em função da linguagem desenvolvida a partir de um processo de classificação;
- desconhecer determinada classificação equivale a não falar uma língua em certos contextos;
- o uso de sistemas de classificação cria visibilidade ou invisibilidade do objeto classificado. *Stakeholders* classificados como estratégicos costumam ter grande visibilidade, enquanto outros *stakeholders* tendem a ser menos visíveis. Por isso, a classificação incorreta pode fazer com que um *stakeholder* seja esquecido.

Wideman (2004) afirma que a classificação de *stakeholders* deve ser criada conforme o contexto e as peculiaridades de cada projeto, de forma a facilitar os processos de seu gerenciamento, e propõe que os *stakeholders* sejam classificados em três grupos relacionados com o que se convenciona chamar de requisitos – condição ou capacidade que deve estar presente em um produto, serviço ou resultado para satisfazer um contrato ou qualquer outra especificação formal do projeto (PMI, 2013a):

- *grupo 1* – formado por *stakeholders* cujos requisitos podem ser restringidos de alguma forma e não totalmente atendidos pelo projeto;
- *grupo 2* – formado por *stakeholders* cujos requisitos podem ser influenciados;
- *grupo 3* – formado por *stakeholders* cujos requisitos necessitam ser apreciados por quem desenvolve o projeto.

Normalmente, as classificações típicas de projeto incluem as seguintes categorias de *stakeholders*:

a) *cliente ou usuário do produto do projeto* – um ponto essencial em qualquer projeto é satisfazer uma parte interessada especial: o cliente para o qual ele foi desenvolvido. De nada adianta fazer um projeto se, ao final, o produto entregue não corresponde às expectativas ou necessidades do cliente. O atendimento às expectativas do cliente passa pelo conceito de valor. Valor é algo que é reconhecido quando os clientes enxergam algum benefício (Jayaswal, Patton e Zultner, 2007). Alguns exemplos de projetos que podem criar valor para o cliente são apresentados a seguir:
    - projetos para a solução ou minimização de um problema, por exemplo, evitar ou minimizar acidentes;
    - projetos para o aproveitamento de uma oportunidade de maximizar, minimizar ou permitir algo, como maximizar lucros, minimizar perdas e produzir melhores bens;
    - projetos para melhoria da autoestima, da imagem ou do bem-estar do cliente.

b) *patrocinador e investidor* – o patrocinador, segundo o guia *PMBOK* (PMI, 2013a), é a pessoa ou o grupo que fornece os recursos financeiros para que o projeto possa ser executado.

Por essa definição, um investidor é também o patrocinador do projeto. Embora o conceito de patrocinador possa ter outras definições, o fato é que o patrocinador é um *stakeholder* importante, na medida em que possui interesse no sucesso de sua conclusão e nos resultados que vai gerar;

c) *gerente do projeto* – é a pessoa designada pela organização executora para atingir os objetivos do projeto, conforme o guia *PMBOK* (PMI, 2013a). Por razões óbvias, é um *stakeholder*-chave em qualquer projeto;

d) *equipe de projeto* – é constituída por membros que estão diretamente envolvidos nas atividades de gerenciamento do projeto, segundo o guia *PMBOK* (PMI, 2013a). Maximiano (2010) afirma que a equipe de projeto é um grupo de pessoas que age de forma coordenada ao longo da vida do projeto. Segundo esse autor, a equipe de projeto não é uma entidade monolítica, formada por um gerente e um grupo de pessoas. Trata-se de uma constelação de grupos que representam diferentes interesses, como a equipe do cliente, dos fornecedores principais e outros;

e) *familiares de membros da equipe de projeto* – os familiares de membros da equipe constituem outra categoria possível de *stakeholders* em projetos. Determinados projetos demandam uma alta carga de trabalho em alguns momentos e podem causar estresse nos membros da equipe, o que afeta o relacionamento com sua família. Por outro lado, questões familiares também podem afetar a motivação e o foco de atenção do membro da equipe. Em casos extremos, problemas familiares causam queda de desempenho no ambiente profissional, podendo prejudicar o projeto. Por isso, os familiares de membros da equipe de projeto podem ser considerados *stakeholders*;

f) *organização executora do projeto* – a organização ou empresa executora é certamente um dos *stakeholders*-chave na busca pelo sucesso dos resultados do projeto. Ela tem, no mínimo, o risco de perda do capital investido caso o projeto não seja bem-sucedido;

g) *comunidade* – apesar de essencial para qualquer definição de *stakeholders*, o conceito de comunidade tem sido alvo de várias interpretações (Dunham, Freeman e Liedtka, 2001). Uma comunidade pode ser referir, por exemplo, à população de um bairro ou de uma cidade. Também pode ser definida como o conjunto de empregados em uma empresa ou de fiéis de uma igreja. Essas definições, embora úteis para fins de gerenciamento de projetos, não criam um claro entendimento do que seja uma comunidade. Segundo Lee e Newby (1983), existe certo consenso entre os pesquisadores de que uma comunidade pode ser caracterizada por três fatores:

- geografia: comunidades caracterizadas pela geografia representam grupos de pessoas que residem numa mesma região geográfica, sem que haja, necessariamente, interação entre elas;
- interação: comunidades que são caracterizadas pela interação regular de seus membros;
- identidade: comunidades que se formam em torno do senso de pertencer. Geralmente essas comunidades são construídas sobre um conjunto de credos compartilhados entre seus membros. Os membros de uma comunidade de identidade não vivem, necessariamente, no mesmo local.

Dunham, Freeman e Liedtka (2001) propõe que esses atributos básicos (geografia, interação e identidade) não são mais suficientes para definir uma comunidade. Esses autores propõem a existência de mais quatro tipos de comunidades:

- comunidade de local: nesse tipo de comunidade, o fator determinante é a proximidade física de seus membros;
- comunidade de interesse: grupo de pessoas que têm algum

interesse comum. Atualmente, com o advento das modernas tecnologias de comunicação que removeram as barreiras da distância, existem comunidades de interesse nas quais pessoas com interesses comuns se relacionam independentemente do local em que se situam;

- comunidade de grupos de defesa: essas comunidades incluem tanto grupos de voluntários como grupos de não voluntários, como sindicatos e corporações. Grupos de defesa podem incluir grupos organizados em torno de alguma questão ou causa;
- comunidade de prática: são grupos profissionais unidos por interesses, valores e finalidades compartilhados por todos. São marcados por um forte senso de identidade, obrigações mútuas e uma abertura que facilita o aprendizado e mudança em organizações. O termo "comunidade de prática", conforme definido pelos seus autores, é um sistema sobre o qual os participantes compartilham entendimentos referentes ao que fazem e o que isso significa para suas vidas e para suas comunidades. Os membros são unidos tanto pela ação quanto pelo significado da ação e também para si e para uma coletividade maior (Lave e Wenger, 1993).

h) *sociedade* – a sociedade pode ser definida como a comunidade, a nação ou um amplo grupo de pessoas com tradições comuns, valores, instituições, interesses e atividades coletivas (Carrol e Buccholtz, 2012). Em uma perspectiva política, a sociedade civil e o Estado, somados, constituem o Estado-nação ou o país; em uma perspectiva sociológica, formam a sociedade ou o sistema social (Bresser-Pereira, 1999).

i) *Estado*: Bresser Pereira (1999) define o termo Estado como o aparelho administrativo e o sistema constitucional-legal que organiza ou regula a sociedade, e Estado-nação ou sociedade para designar, respectivamente, o sistema político e o sistema social que engloba o Estado e sociedade civil em determinado território. O Estado sempre é um *stakeholder* em qualquer projeto, pois é ele que regula a vida de um país por meio de leis e de agentes que garantem seu cumprimento. Do ponto de vista legal, não há como fazer qualquer tipo de projeto sem que haja interferência do Estado. Qualquer transação comercial está sujeita à cobrança de impostos e às normas estabelecidas por lei, que devem ser cumpridas em função do bem-estar da sociedade;

j) *gerações futuras* – a inserção das futuras gerações como um dos *stakeholders* em projetos está relacionada com o conceito de desenvolvimento sustentável, que é aquele que atende às necessidades atuais sem comprometer a sobrevivência e as necessidades das gerações futuras. A importância das gerações futuras é tamanha que a legislação em vigor e o processo decisório das normas reconhecem as gerações futuras como sujeitas ao direito de sustentabilidade do desenvolvimento, ainda que no presente não possam reivindicá-lo (Bezerra e Bursztyn, 2000).

O que é gerenciamento de stakeholders?

Fremann e Mc Vea (2001) propõem que o ímpeto por trás do interesse no gerenciamento de *stakeholders* foi o de tentar construir uma estrutura que permitisse lidar com as preocupações dos gerentes com a turbulência no ambiente em que as empresas operam. Esses autores afirmam que o propósito inicial do gerenciamento de *stakeholders* foi o de elaborar métodos para gerenciar a miríade de grupos e relacionamentos que geram resultados estratégicos para as empresas. De fato, é necessário que os gerentes de organizações compreendam as preocupações dos acionistas, funcionários, clientes, fornecedores, credores e da sociedade a fim de desenvolver objetivos que sejam apoiados pelos *stakeholders*. Esse apoio é necessário para o sucesso em longo prazo. Por isso, a administração deve explorar ativamente suas relações com os *stakeholders* a fim de desenvolver estratégias de negócios (Fremann e Mc Vea, 2001).

O guia *PMBOK* (PMI, 2013a) expõe a necessidade de existência de um processo de gerenciamento do engajamento dos *stakeholders*. Trata-se de um processo de comunicação e interação com os *stakeholders*, para atender às suas expectativas/necessidades e solucionar questões suscitadas à medida que ocorram. Segundo o guia *PMBOK*, o gerenciamento do engajamento dos *stakeholders* envolve:

- gerenciar ativamente as expectativas dos *stakeholders* relacionados com o projeto, para aumentar sua probabilidade de aceitação;
- negociar e influenciar os desejos dos *stakeholders*, para alcançar e manter as metas do projeto;
- esclarecer e solucionar questões identificadas junto às partes interessadas.

A solução dessas questões junto às partes interessadas passa, quando necessário, pela implantação de mudanças no projeto, de forma a acomodar, balancear e, se possível, satisfazer as necessidades das mesmas, almejando viabilizar o projeto e o alcance de seus objetivos.

Rabechini (2005) afirma que o gerenciamento de qualquer empreendimento deve levar em conta todos os envolvidos:

> Gerenciar os interessados, num contexto mais amplo, significa mais que atender suas expectativas por informações. Gerenciar os interessados requer apurar suas necessidades e implementar ações que visem atender suas expectativas que, em muitos casos, estão expressas em produtos/serviços (Rabechini Jr., 2005:25).

Fremann e Mc Vea (2001) asseveram que a ideia de gerenciamento de *stakeholders*, ou de gerenciamento de seu engajamento, sugere que os gerentes devem formular e implantar processos que levem em consideração as necessidades e expectativas de todos os que tenham algum ganho ou perda com relação a um negócio ou projeto. Nesse caso, a tarefa central é gerenciar e integrar as relações e interesses dos acionistas, empregados, clientes, fornecedores, comunidades e outros grupos de uma forma que garanta o sucesso em longo prazo da empresa e dos seus projetos. Isso significa que deve haver um gerenciamento ativo do ambiente de negócios e dos relacionamentos, de forma a promover os interesses comuns. Essa abordagem é bastante apropriada para ambientes relativamente estáveis. Mas, num mundo de turbulências e mudanças aceleradas, as limitações das abordagens tradicionais se tornam aparentes. Os interesses de *stakeholders*-chave devem estar integrados aos propósitos da empresa e seus projetos. A relação com esses *stakeholders* deve ser gerenciada de uma forma coerente e estratégica, com as características apresentadas a seguir.

Característica 1

Deve haver uma estrutura estratégica única e flexível o suficiente para lidar com mudanças de ambientes sem que os gerentes tenham de adotar com regularidade novos paradigmas estratégicos. O objetivo é quebrar o ciclo mostrado na Figura 1.

Característica 2

O planejamento estratégico foca na tentativa de predizer o futuro do ambiente. O processo de gerenciamento de *stakeholders* envolve a definição de uma linha de ação e considera como a empresa pode afetar o ambiente e como o ambiente pode afetar a empresa.

Figura 1

CICLO DE MUDANÇA AMBIENTAL E ESTRATÉGIA DE SOLUÇÃO DE PROBLEMA

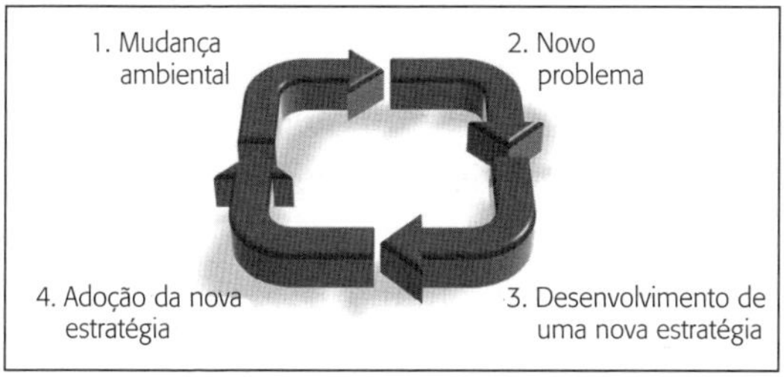

Fonte: Adaptado de Fremann e Mc Vea (2001).

Característica 3

A preocupação central quando se fala de gerenciamento do engajamento de *stakeholders* é a sobrevivência da empresa e dos seus projetos. Para sobreviver em um ambiente turbulento, a empresa deve definir um caminho e não apenas melhorar sua eficiência. Gerenciar *stakeholders* é uma tarefa eterna de equilibrar e integrar múltiplas relações e múltiplos objetivos.

Característica 4

O gerenciamento de *stakeholders* deve encorajar o desenvolvimento de estratégias, olhando para fora da empresa e identificando e investindo em todas as relações que vão assegurar o sucesso de longo prazo. Essa perspectiva coloca o papel crítico dos valores da organização e do gerenciamento baseado em valores dentro da estratégia da empresa e dos seus projetos. Grupos de diferentes *stakeholders* somente vão cooperar entre si se, apesar de suas diferenças, existirem valores básicos compartilhados. Por isso, o gerenciamento de *stakeholders* precisa, obrigatoriamente, incorporar valores como um elemento-chave dos processos de gerenciamento da empresa e de seus projetos.

Característica 5

Gerenciar *stakeholders* é uma abordagem tanto prescritiva quanto descritiva, que exige a integração de aspectos econômicos, políticos e morais. O gerenciamento de *stakeholders* é construído sobre fatos concretos e sobre a análise desses fatos. Por isso, é uma abordagem descritiva. Por outro lado, o gerenciamento de *stakeholders* deve influenciar pessoas, grupos, comunidades, empresas e outros tipos de *stakeholders*. Por isso, é também uma abordagem prescritiva.

Característica 6

O gerenciamento de *stakeholders* lida com pessoas e entidades reais e não apenas com papéis. Por isso, é importante ter um entendimento real e concreto daqueles que são de interesse da empresa e de seus projetos, e das circunstâncias em que cada *stakeholder* se encontra. Se esse entendimento não é alcançado, é pouco provável que os gerentes possam criar opções e estratégias que tenham apoio dos demais envolvidos.

Característica 7

O gerenciamento de *stakeholders* exige uma abordagem integrada de decisões estratégicas. Em vez de definir estratégias individuais para cada *stakeholder*, o gerente deve encontrar formas de satisfazer múltiplos *stakeholders* simultaneamente, o que significa dizer que nem todos poderão ser beneficiados de uma só vez. Não existe garantia de uma situação ganha-ganha em todos os casos. Por isso, é importante o desenvolvimento de estratégias que distribuam não apenas os benefícios, mas também os prejuízos, de forma a garantir o apoio de longo prazo dos *stakeholders*.

Além das características citadas, o gerenciamento de *stakeholders*, segundo Kezner (2009), envolve alguns pontos comuns a qualquer projeto e a qualquer tipo de *stakeholder*:

- nem todos os *stakeholders* possuem autoridade de decisão. Apenas *stakeholders* considerados chave possuem autoridade de decisão sobre o projeto;
- nem todos os *stakeholders* possuem a mesma habilidade para influenciar a direção do projeto. Observe que, apesar de Kezner (2009) ter citado apenas a palavra habilidade, é necessário entender que a capacidade de influenciar também é importante. Embora alguém possa ter habilidade para influenciar a direção do projeto, isso só será possível, em algumas situações, se esse alguém tiver recursos financeiros, tempo e capital social para influenciá-lo;
- o critério de sucesso do projeto pode variar conforme o *stakeholder*. A direção da empresa, por exemplo, pode estar interessada em ganho de bônus, enquanto os empregados podem estar interessados em garantias de trabalho;
- cada *stakeholder* pode possuir seu próprio conjunto de objetivos, valores e interesses;
- em caso de crise num projeto, cada *stakeholder* poderá ter diferentes interesses sobre como a crise deve ser resolvida;
- cada *stakeholder* pode possuir diferente tolerância aos riscos; e

- a parceria com os *stakeholders*, especialmente com os *stakeholders*-chave, deve ser construída e nutrida, o que, evidentemente, toma tempo.

Wideman (2004) aponta os seguintes pontos comuns a serem levados em consideração no gerenciamento de *stakeholders*:

- os requisitos dos *stakeholders*, sejam ostensivos ou disfarçados, devem ser levados em consideração;
- podem existir, entre *stakeholders*, interdependências que devam ser levadas em consideração;
- o sucesso de um projeto é tipicamente estabelecido quando os *stakeholders* expressam coletivamente sua satisfação com o processo do projeto e, em particular, quando os clientes expressam sua satisfação com o produto;
- a necessidade de cada *stakeholder* deve ser levada em conta durante toda a vida do projeto.

Finalmente, Jones (1990) afirma que o grau de representação e da participação na tomada de decisões num projeto pelos *stakeholders* influencia o nível de política interna da organização.

Questões de projeto

Um item central para o gerenciamento de *stakeholders* em projetos é o conceito de "questão" (na língua inglesa, *issue*). Uma questão de projeto pode ser um ponto ou assunto em discussão, ou algo que esteja em disputa ou que não foi resolvido e sobre o qual existem diversos pontos de vista divergentes ou desacordos. Segundo o guia *PMBOK* (PMI, 2013a), questões de projeto não são grandes o suficiente para serem consideradas atividades do projeto, mas precisam de atenção para evitar que se tornem problemas.

O ponto-chave em relação ao gerenciamento de *stakeholders* é que questões não resolvidas geram controvérsias. Controvérsias reduzem o acesso de uma organização aos recursos necessários para a execução dos seus projetos. Recursos podem ser controlados direta ou indiretamente por uma grande variedade de *stakeholders*, como, por exemplo, prefeituras, agências de governo, entidades reguladoras, sindicatos, bancos e outros intermediários financeiros. O acesso aos recursos também pode ser direta ou indiretamente influenciado por grupos comunitários, cidadãos, grupos ambientais, concorrentes, associações empresariais e profissionais, inovadores e formadores de opinião, como institutos de pesquisa (Boutillier, 2012).

Um conceito importante no contexto de questões de projeto é o de "licença social para operar" (em inglês, *social license to operate*), termo cunhado por Boutillier (2012). *Stakeholders* podem reduzir ou bloquear o acesso de uma empresa aos recursos necessários para determinado empreendimento. Quando os recursos são acessíveis, pode-se dizer que a empresa possui uma licença social para operar algo, como por exemplo, desenvolver um projeto ou operar uma fábrica. A licença social de operação é definida como o nível de aceitação ou rejeição acordado em um projeto pela sua rede de *stakeholders*. Observe que é algo distinto de uma licença legal emitida por algum órgão público. Quando se fala de licença social de operação, o poder dos *stakeholders* está institucionalizado e pode ser tão efetivo quanto em uma licença legal. A licença social de operação se justifica a partir da legitimidade conferida por meio da rede de *stakeholders* em relação a um projeto. Por isso é uma licença no sentido metafórico (Boutillier, 2012).

Um projeto pode se tornar inviável se for rejeitado pela sua rede de *stakeholders*.

Kezner (2009) estabelece que as principais questões com *stakeholders* em projetos são relacionadas às seguintes atividades:

- equilíbrio de interesses;
- gerenciamento de crises;
- interação com *stakeholders*;
- gerenciamento de *stakeholders*;
- responsabilidades com *stakeholders*.

Além dessas atividades, sugere-se também o acréscimo da atividade de influenciar *stakeholders* como parte integrante desse conjunto.

Neste primeiro capítulo, apresentamos a contextualização e as definições e considerações sobre o uso da palavra *stakeholder* em português e seu significado. Abordamos a teoria dos *stakeholders* e sua classificação. O próximo capítulo apresenta os processos de gerenciamento de *stakeholders* em projetos.

2

Processos de gerenciamento dos stakeholders em projetos

Neste capítulo, apresentaremos os processos de gerenciamento de *stakeholders* em projetos. Abordaremos os principais aspectos dos processos: identificar *stakeholders*, planejar o gerenciamento dos *stakeholders*, gerenciar o engajamento dos *stakeholders* e controlar o engajamento dos *stakeholders*.

O processo de analisar os *stakeholders* está inserido no processo de identificá-los, envolvendo a avaliação da importância, do poder, dos interesses, das necessidades e das expectativas de cada um deles.

Os processos de gerenciamento dos *stakeholders* foram estabelecidos na norma internacional ISO 21.500 (ISO, 2012) sobre gerenciamento de projetos e simultaneamente adotados na norma brasileira ABNT NBR ISO 21.500 (ABNT, 2012). Em 2013, os quatro processos foram inseridos no guia *PMBOK* (PMI, 2013a).

Uma das principais preocupações do gerente do projeto e sua equipe é identificar, desde o início das atividades, os *stakeholders* que intervêm no projeto, os que podem vir a intervir ou que podem ser afetados pelo projeto, como os interessados, envolvidos ou influenciados por ele. Após a identificação dos *stakeholders*, o gerente do projeto estabelece o planejamento necessário para gerenciar e controlar o engajamento dos *stakeholders* de forma dinâmica durante o projeto.

Visão geral dos processos

O quadro 2 mostra uma visão geral dos processos de gerenciamento de *stakeholders* em projetos. Esses processos estão relacionados e integrados aos demais processos específicos de comunicação e recursos humanos, bem como a todos os processos e áreas de conhecimento em gerenciamento de projetos. Nesse quadro 2, temos as entradas, saídas, ferramentas e técnicas associadas a cada um dos quatro processos de gerenciamento de *stakeholders* em projetos.

Ferramentas e técnicas

As ferramentas e técnicas utilizadas no quadro 2 são: análise de *stakeholders*, julgamento de especialistas, reuniões, técnicas analíticas, métodos de comunicação, habilidades interpessoais, habilidades gerenciais e sistemas de gerenciamento de informações.

A análise é uma técnica usada para obter sistematicamente e analisar quantitativa e qualitativamente as informações sobre os *stakeholders,* visando identificar seus interesses, expectativas e influência e relacioná-los aos propósitos do projeto.

O julgamento de especialistas é utilizado para garantir uma clara identificação dos *stakeholders*. Esses especialistas podem ser da alta direção, de outras unidades da organização, gerentes de projetos que tenham trabalhado em projetos semelhantes, consultores ou profissionais de instituições técnicas. Esse julgamento pode ser obtido em reuniões, entrevistas ou pesquisas, e pode ajudar a decidir o nível de engajamento necessário em cada passo do projeto para cada *stakeholder*.

Quadro 2

VISÃO GERAL DOS PROCESSOS DE GERENCIAMENTO DE STAKEHOLDERS EM PROJETOS

Grupo de processo	Processos	Entradas	Ferramentas e técnicas	Saídas
Iniciação	**Identificar os *stakeholders***	1. Termo de abertura do projeto. 2. Documentos de aquisição. 3. Fatores ambientais da empresa. 4. Ativos de processos organizacionais.	1. Análise das *stakeholders*. 2. Opinião especializada. 3. Reuniões.	1. Registro dos *stakeholders*.
Planejamento	**Planejar o gerenciamento dos *stakeholders***	1. Plano de gerenciamento do projeto. 2. Registro dos *stakeholders*. 3. Fatores ambientais da empresa. 4. Ativos de processos organizacionais.	1. Opinião especializada. 2. Reuniões. 3. Técnicas de análise.	1. Plano de gerenciamento dos *stakeholders*. 2. Atualizações dos documentos do projeto.
Execução	**Gerenciar o engajamento dos *stakeholders***	1. Plano de gerenciamento dos *stakeholders*. 2. Plano de gerenciamento das comunicações. 3. Registro das mudanças. 4. Ativos de processos organizacionais.	1. Métodos de comunicação. 2. Habilidades interpessoais 3. Habilidades de gerenciamento.	1. Registro de questões. 2. Solicitações de mudanças. 3. Atualizações no plano de gerenciamento do projeto. 4. Atualizações nos documentos do projeto. 5. Atualizações em ativos de processos organizacionais.
Monitoramento e controle	**Controlar o engajamento dos *stakeholders***	1. Plano de gerenciamento do projeto. 2. Registro das mudanças. 3. Dados de desempenho do trabalho. 4. Documentos do projeto.	1. Sistemas de gerenciamento de informações. 2. Opinião especializada. 3. Reuniões.	1. Informações de desempenho do trabalho. 2. Solicitações de mudanças. 3. Atualizações no plano de gerenciamento do projeto. 4. Atualizações nos documentos do projeto. 5. Atualizações em ativos de processos organizacionais.

Fonte: Guia *PMBOK* (PMI, 2013a:392).

As reuniões de projeto são realizadas para desenvolver um entendimento maior dos *stakeholders* sobre o projeto, bem como trocar e analisar informações sobre papéis, interesses, responsabilidades, conhecimento envolvido no projeto e o nível de engajamento requerido de cada *stakeholder*.

As técnicas analíticas são usadas para identificar as lacunas – *gaps* – entre os níveis desejado e atual de engajamento dos *stakeholders* ao longo do projeto. O nível de engajamento dos *stakeholders* é crítico, e nem sempre o engajamento necessário corresponde ao engajamento atual. Os níveis de engajamento variam conforme indicado a seguir:

5 = forte apoio à atividade do projeto;
4 = pouco apoio à atividade do projeto;
3 = apoio neutro à atividade do projeto – nem contra nem a favor;
2 = pequena rejeição à atividade do projeto;
1 = forte rejeição à atividade do projeto.

Os métodos de comunicação identificados para cada *stakeholder* no plano de gerenciamento das comunicações são utilizados durante o gerenciamento do engajamento dos *stakeholders*. O gerente do projeto decidirá como, quando e quais métodos de comunicação serão usados no projeto.

Habilidades interpessoais são utilizadas no relacionamento com *stakeholders*, de modo a gerenciar e atender a suas expectativas. Habilidades gerenciais são utilizadas para coordenar e harmonizar o grupo com os diferentes *stakeholders* do projeto, conduzindo-os para atingir os objetivos definidos.

Os sistemas de gerenciamento de informações são uma ferramenta padronizada para o gerente armazenar e distribuir informações para os *stakeholders* sobre custo, progresso das atividades e dados de desempenho do projeto.

Antes de prosseguir com a abordagem dos processos, lembramos que o gerenciamento de *stakeholders* pode ser a diferença entre o sucesso e o fracasso de um projeto. Ciente disso, o gerente do projeto deve priorizar os processos de gerenciamento dos *stakeholders*, que apresentaremos a seguir.

Na norma internacional sobre *project management*, ISO 21.500 (ISO, 2012), bem como na norma brasileira NBR ISO 21.500 (ABNT, 2012) sobre gerenciamento de projetos, a área de conhecimento de gerenciamento de *stakeholders* é a primeira. Ela está antes do gerenciamento do escopo, pois são os *stakeholders* que definem o escopo do projeto. Por isso, é importante identificar muito bem os *stakeholders* do projeto.

Identificar os stakeholders

É o momento de identificar pessoas e organizações ativamente envolvidas no projeto e analisar seus interesses e seu efetivo envolvimento. Elas podem ser afetadas positiva ou negativamente pela execução do projeto. *Stakeholders* estão em diversos níveis da organização ou podem ser externos ao projeto ou à própria organização. As informações coletadas, devidamente documentadas e organizadas, servirão de base para o processo de planejamento das comunicações e de guia durante os processos de distribuição das informações e de controle das comunicações.

Segundo Nolan e Kolb (1987), do ponto de vista prático, uma identificação dos *stakeholders* que tenham implicações com o projeto deve ser estabelecida em um processo constituído das três etapas descritas a seguir.

Identificação do universo de stakeholders

A primeira etapa se inicia com a identificação das posições-chave da diretoria da organização, seguida da gerência funcional e estendendo-se até para fora da empresa, não deixando de relacionar consultores e conselheiros aos demais *stakeholders*. É preciso olhar além da simples relação dos *stakeholders* específicos envolvidos, considerando também seu envolvimento e papel no projeto e no processo de comunicação.

O processo é realizado associando os *stakeholders* a diversas perspectivas:

- quem está investido de interesse no projeto, seja em termos de processo ou dos resultados;
- quem tem informações ou conhecimento para contribuir;
- quem tem responsabilidade funcional pelo projeto ou pelo seu produto; a quem cabem as decisões críticas;
- quem tem autoridade para aprovar despesas e aquisições ou alocar recursos no projeto;
- quem precisa ser envolvido por uma perspectiva política da organização.

A figura 2 apresenta um mapeamento do ambiente do projeto, que auxiliará na identificação dos *stakeholders* direta ou indiretamente envolvidos com o mesmo, seus produtos e resultados, permitindo entender sua importância ou influência no empreendimento. Alguns *stakeholders* são especiais, devido ao seu poder de alocação de recursos críticos no projeto – tempo, dinheiro e pessoas. Os ambientes interno e externo devem ser cuidadosamente considerados, pois *stakeholders* que pareçam distantes do projeto podem ter influências importantes sobre ele.

Essa identificação também pode ser obtida por meio de uma avaliação das categorias de *stakeholders* envolvidos, como mostrado no quadro 3.

Figura 2
MAPEAMENTO DOS STAKEHOLDERS DO PROJETO

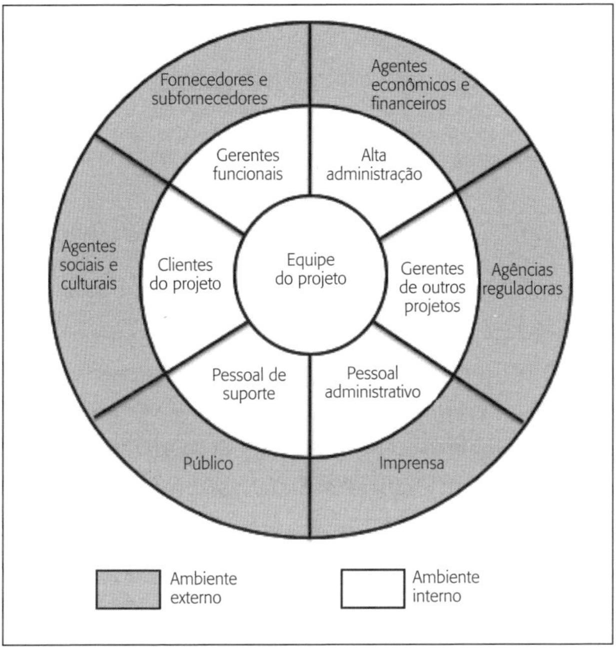

Fonte: Adaptada de Cleland (2002).

Quadro 3
EXEMPLOS DE CATEGORIAS DE STAKEHOLDERS

Categoria de *stakeholders*	*Stakeholders* típicos
Entrega de resultados: responsáveis pela entrega de produtos do projeto.	Equipe do projeto, alguns subcontratados.
Uso dos produtos: usuários diretos ou indiretos dos resultados do projeto.	Usuários internos, clientes.
Autoridade financeira: fornece aprovação da liberação de fundos ou provisão de recursos.	Executivos, patrocinadores do projeto, gerências de negócios, financiadores e investidores, acionistas.
Contribuintes: fornecem inputs e serviços para o projeto.	Grupos de serviço, fornecedores, subcontratados.

Continua

Categoria de *stakeholders*	*Stakeholders* típicos
Suporte a produtos: assegura que os produtos estejam disponíveis para o uso.	Grupos de suporte técnico.
Análise/auditoria: assegura que os processos apropriados são seguidos e que a qualidade dos produtos entregues cumpre os padrões adequados.	Grupos de análise técnica e de qualidade, grupos de consumidores, auditores, agências reguladoras e ambientais.
Afetados pelos resultados: afetados pelos produtos ou resultados do projeto.	Público/imprensa, sindicatos/organizações de negociação, concorrentes.
Projetos relacionados: podem afetar a capacidade do projeto de alcançar seus objetivos.	Outros gerentes de projeto ou equipes de projeto (internos e externos).

Falhas na identificação ou no grau de importância de *stakeholders* podem ocorrer até em projetos de grande porte. Quando ocorrem, podem levar a situações dramáticas envolvendo os stakeholders.

O caso real do metrô de Los Angeles, apresentado por Dawson (1997), é um bom exemplo disso. O plano do projeto, merecedor de um importante prêmio internacional quando apresentado na conferência do Project Management Institute (PMI) de 1993, só foi questionado nos seus aspectos de comunicação quando, cerca de um ano depois do conclave, o projeto foi dura e amplamente criticado pela imprensa e pela opinião pública.

Um projeto multibilionário de implantação de uma rede metroviária de cerca de 130 quilômetros em Los Angeles, planejada para 12 anos de construção, teve toda sua administração exonerada pela ocorrência de um incidente relativamente pequeno no início da construção, fácil e prontamente contornável do ponto de vista técnico. Um afundamento de 15 cm, numa extensão de pouco mais de 60 metros, foi divulgado pela imprensa como uma catástrofe, numa demonstração de que o projeto estaria fora de controle.

A repercussão na opinião pública e na classe política, além das consequências administrativas, trouxe a necessidade de um grande plano de comunicação com a sociedade, para "revender" o projeto em termos de seus benefícios, de forma a combater a ampla campanha negativa que se criara contra o empreendimento. Além dos custos da campanha, vários prejuízos adicionais foram sentidos no que diz respeito a atrasos e problemas de credibilidade da construtora.

Uma atenção prévia aos *stakeholders* secundários (público, políticos e mídia), que poderiam ter sido preparados para apoiar o projeto sob circunstâncias inesperadas, teria evitado a maior parte das consequências sentidas quando o imprevisto ocorreu.

Avaliação da importância e influência dos stakeholders

As pessoas ou organizações que podem afetar ou ser afetadas pelo projeto devem ser identificadas, com suas respectivas responsabilidades, em particular aquelas com envolvimento direto na alocação de recursos (patrocinador e gerentes funcionais), no recebimento das principais entregas (cliente) e na própria condução dos trabalhos (equipe de projeto). Informações relevantes relacionadas a seus interesses, envolvimento e impacto no sucesso do projeto devem ser documentadas.

A equipe do projeto deve detalhar e validar progressivamente a lista de *stakeholders* ao longo da vida do projeto, especialmente em seu processo de planejamento. É necessário segmentar e decompor vários desses grupos, para uma interação mais eficiente com seus participantes. O objetivo é identificar os *stakeholders*, avaliar sua influência e seus interesses no projeto, documentar suas necessidades, desejos e expectativas, e orientar as ações e respostas visando à ampliação de sua cooperação para o sucesso do projeto. Além disso, a equipe terá de lidar com acréscimos e reduções da lista inicial, provocados por saídas de membros da equipe e substituição de fornecedores, entre outros. Os esforços no âmbito de gerenciamento da comunicação e dos recursos humanos do projeto estão intensamente conectados a essa análise, com destaque para a definição dos papéis e responsabilidades, com as respectivas habilidades demandadas e a definição da sistemática de comunicação do projeto.

Dessa forma avalia-se, para cada *stakeholder* identificado, o impacto que ele pode exercer e sua capacidade de influenciar os objetivos do projeto. É claro que os impactos variam de *stakeholder* para *stakeholder*. Alguns podem controlar recursos críticos necessários ao projeto, enquanto outros podem ter o poder de facilitar, transformar ou bloquear uma implantação. Geralmente, os que patrocinam um projeto ou fornecem os principais recursos são os *stakeholders* mais importantes. Entretanto, outros *stakeholders* que apoiam ou cooperam, ainda que indiretamente, podem ser relevantes em certos estágios. Esses dois aspectos podem ser avaliados considerando:

a) poder do *stakeholders* – origem e consequências que o poder da parte interessada pode ter sobre o projeto:
   - ❑ poder decorrente de posição hierárquica ou de carisma ou liderança pessoal;
   - ❑ forças, fraquezas e alianças com outros *stakeholders* poderosos;
   - ❑ impactos positivos ou negativos do uso desse poder nos objetivos do projeto;

b) influência do *stakeholder* – como ela é exercida pela parte interessada:

- em tomadas de decisão;
- na administração de processos – controlando, por exemplo, "gargalos" nos processos;
- atuando como formador de opinião.

Determinação dos interesses e motivações dos stakeholders

Nas etapas anteriores, foram dados os primeiros passos na direção do gerenciamento da comunicação, avaliando a natureza e o papel exercido por cada *stakeholder*, bem como seu poder e influência. Isso não significa que esse processo seja fácil de executar, já que as expectativas dos *stakeholders* ainda devem ser atendidas.

Para isso, é fundamental uma etapa de análise específica dos aspectos comportamentais associados a cada *stakeholder*, visto que esses pontos podem afetar seu relacionamento com o projeto. Identificando o comportamento atual e seus efeitos potenciais positivos ou negativos para o projeto, pode-se planejar uma comunicação com cada *stakeholder* que permita atingir uma condição mais favorável.

O grau de interesse, ainda que pessoal ou político, pode se sobrepor aos interesses do projeto, e seus efeitos podem afetar o grau de apoio e colaboração obtido. Nolan e Kolb (1987) associam a dependência do projeto com relação ao *stakeholder* ao grau de poder deste sobre os recursos. Tal dependência, segundo os autores, varia de baixa a alta, com o interesse do indivíduo ou grupo situando-se num espectro de interesse mútuo (totalmente a favor) até interesse conflitante (totalmente contra), o que confere a esses *stakeholders* uma posição de aliados ou membros da rede (no primeiro caso) ou de bloqueadores ou desaceleradores (no segundo caso). A figura 3 mostra os posicionamentos e as alternativas de ação estratégica do gerente de projeto em relação a eles.

Figura 3

Posicionamentos e alternativas de ação estratégica em relação aos stakeholders

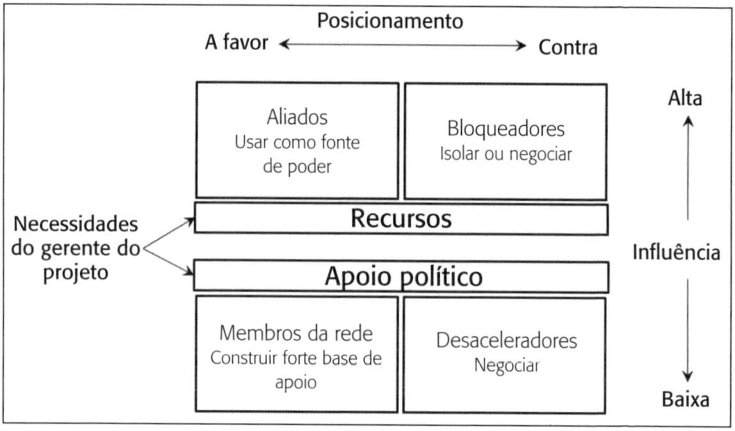

Fonte: Adaptado de Nolan e Kolb (1987).

O cenário ideal para se iniciar um projeto é a existência de aliados entre os *stakeholders* críticos, aqueles com recursos para comprometer e influenciar o apoio ao empreendimento, gerando uma situação em que existe o *buy-in* dos mesmos. Muitas vezes, entretanto, o gerente se confrontará com bloqueadores e desaceleradores, *stakeholders* que não "compraram" o projeto e têm objetivos conflitantes com ele. Nessas situações, o gerente terá de negociar com esses grupos para obter o compromisso necessário ou prolongar o prazo do projeto, tendo em vista melhor compreensão pelos envolvidos e formação de alianças, que dependerão, novamente, de um trabalho adicional de comunicação com os *stakeholders*.

Outros dois aspectos adicionais, relacionados a seguir, devem ser utilizados na análise desse item e complementam as questões envolvidas na análise dos *stakeholders*:

a) prioridades do *stakeholder* – enfoques que predominam no *stakeholder*:

- ❑ foco prioritário em custo, prazo ou qualidade do produto;
- ❑ interesses pessoais, profissionais ou políticos no projeto;
- ❑ critérios de sucesso em relação aos resultados obtidos pelo projeto;

b) previsão de comportamento – perfil esperado das atitudes do *stakeholder*:

- ❑ alta volatilidade ou uniformidade de decisões;
- ❑ reação esperada a eventos futuros (atrasos, mudanças etc.);
- ❑ impacto potencial do comportamento sobre a execução do projeto.

Um exemplo de análise levando em consideração somente os interesses dos *stakeholders* está representado no quadro 4.

Quadro 4

EXEMPLO DE IDENTIFICAÇÃO DE STAKEHOLDERS EM UM PROJETO

Stakeholder	Focos de interesse		
	Custo	Prazo	Qualidade/ Performance técnica
Cliente	Não ultrapassar.	Não ultrapassar ou antecipar.	Atingir ou superar.
Gerente de projeto	< ou = meta	< ou = meta	Atingir ou superar.
Fornecedores ou subcontratados	Não se preocupam com maior custo.	Querem mais tempo.	Atingir ou superar
Externos	Indiferentes	Indiferentes	Alta
Equipe do projeto	Quer flexibilidade.	Quer mais tempo para evitar pressão extra.	Atingir ou superar.
Alta administração	Cumprir.	Cumprir.	Atingir ou superar.
Outros *stakeholders* internos	Querem flexibilidade.	Querem mais tempo.	Querem flexibilidade.

Fonte: Adaptado de Pinto (1994).

Como resultado prático da identificação dos *stakeholders*, é obtido um registro contendo todos os detalhes relativos a sua identificação, avaliação e classificação. Detalhes comuns se referem a nomes, cargos, posição no organograma, expectativas em relação ao projeto, capacidade de influência e outros.

Planejamento do gerenciamento de stakeholders

Com base na estratégia para engajamento de cada *stakeholder*, um plano de gerenciamento de *stakeholders* deve ser desenvolvido. Segundo Bourne (2009), esse plano deve conter:

Reciprocidade:

- como o *stakeholder* é importante para a atividade;
- expectativas e apostas feitas pelos *stakeholders*.

Categorização de stakeholder*: posicionamento do* stakeholder *quando comparado ao gerente do projeto:*

- acima do gerente do projeto (gerência sênior, diretoria);
- par do gerente do projeto (outros gerentes de projetos);
- abaixo do gerente do projeto (equipe);
- externo ao projeto (fornecedores, acionistas, mídia etc.).

Perfil de engajamento demonstrado:

- nível de apoio à atividade;
- nível de receptividade à informação sobre a atividade;
- engajamento-alvo: os níveis-alvo de apoio e receptividade.

Estratégias para entrega da mensagem:

- quem vai entregar a mensagem;
- o que será a mensagem: relatórios regulares da atividade ou mensagens especiais;
- como será entregue: formal e/ou informal, escrita e/ou oral, meio de comunicação adotado (e-mails, memorandos escritos, reuniões);
- quando: a frequência com que as mensagens serão entregues;
- por que (o objetivo da comunicação): esta é uma questão de reciprocidade – o *stakeholder* é importante para o sucesso do empreendimento e ele também tem seus requisitos para o projeto; e
- item de comunicação: as informações que serão distribuídas, isto é, o conteúdo do relatório ou mensagem.

Comunicação eficaz nos processos de gerenciamento de stakeholders

Independentemente de quão bem criados forem tanto a estratégia de comunicação quanto o plano, segundo Bourne (2009), outros fatores devem ser considerados ao se comunicar:

- os diferentes níveis de poder ou influência entre a equipe e os *stakeholders* – pode não ser considerado apropriado para um indivíduo da equipe se comunicar com um dos *stakeholders* em um nível superior na organização ou com a comunidade fora da organização;
- o papel do *stakeholder*;
- patrocinador ou outros apoiadores políticos poderão exigir relatórios excepcionais, reportando dados suficientes capazes de defender as atividades sem surpresas;

- gerência média, que fornece recursos para as atividades, precisa de prazos, dados sobre os recursos e relatórios sobre a adesão aos planos de utilização dos recursos e sobre a eficácia dos recursos fornecidos – informação mais abrangente;
- pessoal trabalhando no projeto e outros membros da equipe do projeto precisam de informações detalhadas, mais focadas, para permitir o desempenho dos seus papéis e responsabilidades no projeto de forma eficaz;
- são necessárias atualizações sobre o progresso da atividade, especificamente informações sobre como isso afetará seus próprios papéis nos projetos em que estão envolvidos;
- *stakeholders* externos também exigirão atualizações regulares planejadas e gerenciadas sobre o projeto, suas entregas, seu impacto, seu progresso;
- a credibilidade do mensageiro e a mensagem transmitida aos *stakeholders*: quanto mais a equipe trabalha para construir confiança e uma percepção de credibilidade e competência, mais prontamente um *stakeholder* receberá os membros da equipe e agirá com base na informação recebida. Credibilidade leva tempo para ser desenvolvida e é muitas vezes o resultado de experiências anteriores positivas. Uma equipe confiável é vista pelos *stakeholders* como aquela que fornece informações de forma proativa e oportuna, mesmo que seja uma má notícia;
- a relevância da informação para o *stakeholder*: a equipe deve assegurar que a informação seja de interesse do *stakeholder* e entregue de uma maneira que é mais facilmente lida e absorvida;
- o formato e o conteúdo da mensagem: a mensagem deve ter o nível mais adequado de detalhe e estilo de apresentação que ajude a garantir que as informações sejam recebidas e respondidas da forma mais adequada.

O gerente e sua equipe se comunicam com os *stakeholders* em vários momentos do projeto: para levantamento de necessidades e requisitos, negociação, apresentação de resultados dos trabalhos, posicionamento do desempenho do projeto, entre outros motivos.

O gerenciamento dos *stakeholders* em projetos exige cuidados no seu desenvolvimento e aplicação. Segundo Bourne (2009), os gerentes de projeto e os membros das equipes irão desenvolver gradativamente as habilidades e a experiência imprescindíveis para uma eficácia maior no gerenciamento dos *stakeholders* pelo uso adequado dos processos ora abordados.

Segundo o guia *PMBOK* (PMI, 2013a), os processos de gerenciamento de *stakeholders* são identificar, planejar o gerenciamento, gerenciar o engajamento e controlar o engajamento dos *stakeholders* nos projetos. Vejamos cada um desses processos:

- *identificar os* stakeholders – a correta identificação dos *stakeholders* e do público-alvo é o primeiro passo para saber o que deve ser produzido, para quem e em que quantidade e formato. Necessidades de informação da alta administração são diferentes daquelas da área contábil e de auditoria. Informações julgadas adequadas para gerentes e chefias podem ser insuficientes para profissionais de áreas técnicas e de implantação, e ainda consideradas por demais detalhadas e desnecessárias para patrocinadores ou diretores;
- *planejar o gerenciamento dos* stakeholders – a avaliação das necessidades de informação das partes envolvidas no projeto deve levar em conta não apenas suas necessidades e características, mas uma análise dos valores, crenças e objetivos dos *stakeholders*. Normas, regras e práticas consagradas e já em uso, processos de trabalho e estágio tecnológico ajudam nessa identificação;

- *gerenciar o engajamento dos* stakeholders – as comunicações em projetos ocorrem em entrevistas, reuniões, palestras, relatórios escritos ou impressos, com o auxílio eventual de computadores e telecomunicações, como citado anteriormente. Cada um desses meios requer uma preparação adequada para sua utilização. Assim, o domínio e o uso correto do idioma, de técnicas de apresentação, de habilidades de negociação, vendas e das facilidades que a informática oferece são de grande utilidade para que o receptor entenda corretamente a mensagem enviada;
- *controlar o engajamento dos* stakeholders – o gerente do projeto deve monitorar o engajamento e o comprometimento dos *stakeholders* ao longo de todo o projeto, pois ao término de cada comunicação ou de cada reunião efetuada é importante avaliar o impacto e os resultados no seu público-alvo, gerando um *feedback* do que pode ser aprimorado, além de ajustes e melhorias para os próximos projetos.

Ainda que uma comunicação eficaz seja a chave para o sucesso de um projeto, atividades formais de comunicação representam consumo de tempo e esforço pessoal. Deve-se considerar, na estratégia e no plano de comunicação, o cronograma, restrições de recursos e a carga administrativa global incidente sobre os *stakeholders* do projeto. É necessário equilibrar, por exemplo, os requisitos de informação com o tempo para preparação de relatórios. Não é recomendável permitir que as atividades de reporte interfiram nas atividades produtivas do projeto ou que essas sejam impactadas pelo tempo dedicado a reuniões e apresentações.

Considerações para o planejamento do gerenciamento dos stakeholders

Segundo Bourne (2009), em qualquer projeto, os principais obstáculos são a disponibilidade de recursos, tanto humanos quanto financeiros. O prazo para a conclusão da atividade normalmente vai fornecer uma restrição adicional. Só por essas razões, a equipe terá de considerar a melhor forma de gerenciar suas atividades de comunicação para uma máxima eficiência e correta eficácia. Uma abordagem estruturada para a compreensão de quais *stakeholders* são os mais importantes e quais as suas expectativas e atitudes para com o projeto é essencial, levando `percepção de potenciais conflitos entre as expectativas dos diferentes *stakeholders* do projeto, de modo que possam ser tratados precocemente.

A base para um plano de comunicação eficaz é definir para cada *stakeholder*:

- o propósito da comunicação, isto é, o que a equipe precisa alcançar por meio da comunicação;
- a informação mais apropriada para atender às expectativas e exigências do *stakeholder*;
- o formato mais efetivo da mensagem para cada *stakeholder*; e
- a forma de entrega da mensagem.

Propósito da comunicação

O propósito da mensagem influenciará o formato, o conteúdo e a frequência da sua entrega, bem como a decisão sobre quem deve entregá-la. Para preparar uma mensagem com propósito, uma pergunta deve ser feita: o que a equipe pretende alcançar por meio da distribuição dessa informação? Deseja:

- aumentar o apoio ao projeto, sua importância para a organização;
- fornecer informações aos *stakeholders*, para construir ou manter sua credibilidade;
- melhorar o apoio de importantes *stakeholders*;
- reduzir a resistência à mudança resultante do trabalho.

A mensagem mais eficaz

A mutualidade – ou reciprocidade – identificada no processo de identificar os *stakeholders* definirá o foco da mensagem. Se a mensagem for trabalhada para informar aos *stakeholders* que suas exigências são conhecidas e estão sendo consideradas, eles terão a percepção de que a atividade é bem gerida.

Os métodos de comunicação mais eficientes

Segundo Bourne (2009), as diretrizes que fornecem à equipe do projeto uma compreensão de onde concentrar seus esforços na comunicação são baseadas na análise dos perfis de engajamento descritos anteriormente, definindo diferentes níveis de atividades de comunicação.

Alguns fatores podem agir como barreiras à comunicação eficaz. A consciência sobre esses fatores e suas consequências pode definir o momento e o contexto da atividade de comunicação. São eles:

- *a realidade pessoal* – processos de pensamento consciente e inconsciente influenciarão o modo como os indivíduos recebem e processam as informações que recebem;
- *as diferenças culturais* – diferenças nos requisitos de comunicação podem ser causadas por normas culturais que influenciam o estilo preferido de apresentação dos conteúdos e da distribuição de informações. Essas diferenças podem ser nacionais, geracionais, profissionais e organizacionais;
- *as preferências pessoais* – diferenças de personalidade também podem ditar "o que" é uma comunicação eficaz e "como" realizá-la. Um gerente sênior com tempo disponível limitado e uma preferência por informações resumidas não terá paciência para informações entregues como história,

enquanto um membro da equipe ou um ator com um estilo de personalidade diferente pode aceitar a entrega de fatos não interessantes o suficiente;

- *questões no ambiente de trabalho* – os ruídos, a falta de interesse, a fadiga e as emoções atrapalham as comunicações. Se o emissor ou o receptor estão "num dia ruim" ou se sentindo infelizes, é melhor adiar qualquer comunicação face a face.

Gerenciar o engajamento dos stakeholders

Segundo Bourne (2009), para obter sucesso no gerenciamento de projetos, é fundamental gerenciar os *stakeholders* e suas expectativas. Inicialmente, é preciso conhecer e manter expectativas claras e alinhadas, sejam elas as do projeto com relação à participação do *stakeholder*, sejam elas as dos próprios *stakeholders*. Esse ponto é fundamental para que todos estejam em condições de trabalhar e se comprometer com uma direção e propósito comuns, os quais estejam mutuamente entendidos e acordados. Quando isso acontece, os *stakeholders* também são capazes de avaliar e reportar quando o projeto está alcançando o que é esperado dele. Os *stakeholders* devem ter, ainda, uma percepção clara de como estarão o negócio, a instituição e sua própria função quando o projeto for concluído. Essa visão comum deve ser estabelecida pelo patrocinador com os *stakeholders* o mais cedo possível no ciclo do projeto, devendo ser monitorada pelo gerente como parte do gerenciamento da comunicação.

É fundamental que saibamos se estamos lidando com uma expectativa ou um requisito. Uma expectativa é uma perspectiva direcionada que um cliente, fornecedor, membro do time do projeto ou qualquer outra pessoa pode ter.

O ideal é que pudéssemos conhecer e documentar expectativas como requisitos formais. Isso, entretanto, apesar de não ser impossível, é bastante difícil, porque descobri-las já é um desafio, devido a inúmeras razões, como preocupações políticas, falta de tempo, falhas de organização, deficiência de foco estratégico, pensamento sectário (em silos) e assim por diante. Todavia, ainda que as expectativas sejam identificadas, a dificuldade passa a ser obter as definições formais dos requisitos que atendem a esses desejos, para que possamos tomar as decisões apropriadas.

Outra questão-chave é que as expectativas podem correr em várias direções e estar em vários lugares, pois qualquer *stakeholder* pode ter uma expectativa.

O ideal seria que a equipe do projeto conseguisse documentar todas as expectativas como requisitos potenciais e trabalhasse com os vários *stakeholders* para priorizá-los e identificar como podem ser incluídos no produto final do projeto, criando-se, então, um verdadeiro processo de gerenciamento das expectativas, que será visto mais adiante.

Apesar de complexo, isso pode e deve ser feito, ainda que não o consigamos em sua totalidade.

Um dos problemas comuns é que, com a passagem do tempo e de outros eventos que vão ocorrendo ao longo da execução do projeto, como conversas, esquecimentos, novas ideias, as expectativas mudam de maneira imprevisível, estabelecendo barreiras ao seu entendimento. Quando isso ocorre, as expectativas dos *stakeholders* se desviam dos requisitos documentados pela equipe do projeto. Sem um gerenciamento ativo de toda a equipe por meio de uma comunicação efetiva que quebre essa barreira de entendimento, o grau dessas variações será crescente, e o alinhamento do projeto com as expectativas ficará gravemente prejudicado.

Além de esforço, essa tarefa exigirá o uso de ferramentas e técnicas apropriadas para sua realização, bem como capacidades adicionais relativas a:

- como definir a natureza das expectativas dos *stakeholders*;
- como entender o impacto das expectativas não conhecidas e escondidas e como descobri-las;
- como ouvir os desejos e crenças dos *stakeholders*;
- o que fazer quando as expectativas não estão alinhadas com o plano do projeto;
- o que fazer quando as expectativas não são realistas.

Um bom gerente de projeto, entendendo suas responsabilidades com os *stakeholders*, deve ir além e construir um bom relacionamento com eles, por meio de uma rede que estabeleça um *feedback* informal mais sincero e pessoal do que o obtido nos relatórios escritos ou no que é reportado nas reuniões. Isso vai proporcionar ao gerente dados valiosos que o auxiliarão a conduzir o projeto de maneira mais efetiva e harmoniosa, bem como será de especial ajuda para enfrentar as mudanças e tomadas de decisão dentro da organização.

O gerenciamento dos stakeholders e a ética

Na sociedade moderna, o gerente de projetos deve ter atitude ética, fundada em valores, princípios e análise de prejuízos e benefícios, dentro da efetividade das relações entre os diversos *stakeholders* num cenário globalizado, portanto, multicultural (Philips, 1968). A ética engloba os princípios que permitem aos seres humanos viverem juntos por meio dos valores que partilham. Engloba também os limites de tolerância e as limitações que o ser humano impõe a si mesmo para garantir que a sociedade funcione de maneira harmônica, num ambiente multicultural formado por patrocinadores, clientes, fornecedores, empregados, comunidade, acionistas e financiadores. A ética se aplica às interações entre os seres humanos e a como tornar a vida em sociedade melhor para todos.

O projeto tem êxito quando os *stakeholders* têm suas necessidades e desejos satisfeitos no âmbito do empreendimento. Os interesses dos diferentes grupos de *stakeholders* devem ser satisfeitos concomitantemente. Os projetos que privilegiam apenas um grupo de *stakeholders* em detrimento de outros estão fadados a ter problemas ou mesmo a não se concretizar. O gerente de projetos precisa adotar uma postura estratégica abrangente de contato, negociação e comunicação direta ou indireta com os *stakeholders*. Essa postura deve ser pautada por respeito, justiça, honestidade e responsabilidade, conforme o Código de Ética e Conduta Profissional (PMI, 2006).

Normas e procedimentos das organizações estabelecem o que se pode fazer e o que se deve evitar. Tais procedimentos descrevem quais obrigações existem entre os *stakeholders*, por exemplo, respeito. A aplicação dessas obrigações se estabelece dentro de um contexto específico criado pelas interações entre os *stakeholders*, que decidem entre si qual esquema cooperativo será organizado tão logo seja determinado quem serão os participantes do projeto.

O gerente de projetos planeja ações e objetivos, sempre tendo valores éticos em mente, pensando nas consequências dos seus atos, princípios, direitos, assim como na lisura de caráter que permeará suas ações, crenças e comportamento. O gerente de projetos assume a responsabilidade pelos efeitos de suas ações nos outros. Há muitos obstáculos a serem vencidos para manter o equilíbrio entre os interesses e os desejos dos vários *stakeholders*, mas o senso ético deve sempre prevalecer. Negócios e ética estão interligados, pois o ambiente de negócios demanda confiança. E a ética é o elemento-chave de construção da confiança entre os diversos *stakeholders*.

O engajamento dos stakeholders

Segundo Trentim (2012), o engajamento dos *stakeholders* é um dos fatores críticos de sucesso dos projetos. O gerente deve desenvolver habilidades de diplomacia e solução de problemas, que lhe possibilitem caminhar pelos corredores da empresa, obtendo consenso em questões críticas, antes mesmo da realização das reuniões. Canais informais de comunicação são poderosos mecanismos para alcançar o sucesso de um projeto, sendo sua utilização necessária e valiosa.

Comunicar sempre fatos verdadeiros, independentemente de serem boas ou más notícias, evita a circulação de boatos e informações distorcidas, assegurando maior confiabilidade nos dados utilizados pela organização.

Ainda de acordo com Trentim (2012), devemos estar preparados para vários desafios nessa área. Existem, com frequência, indivíduos com uma séria incapacidade de ouvir corretamente o que pretendemos comunicar. Entendem de forma muito diferente e, muitas vezes, exatamente o contrário do que queríamos informar. Comunicamos que o projeto está fora do prazo e acima do orçamento e eles escutam que tudo está perfeitamente em ordem. Não acontece somente com clientes, mas tende a ser comum com qualquer *stakeholder*.

Há, ainda, aqueles indivíduos que costumam acreditar em mágica, embora concordem que nada deve ser feito fora do escopo do projeto sem que seja submetido a um processo de controle de mudanças. Esses indivíduos esperam, no final do projeto, que vários itens adicionais estejam incluídos.

Todavia, antes de concluir que isso é uma loucura, devemos analisar se o problema se dá somente devido aos *stakeholders* ou se é um problema de gerenciamento de projeto.

Há aqueles que dizem para todos que está tudo bem enquanto as rodas do carro estão caindo. Como não recebem a resposta que gostariam de ouvir, acham que podem dizer qualquer coisa. De qualquer forma, talvez o problema esteja no gerente do projeto, que não satisfez as expectativas e, portanto, pode-se estar diante de um problema de gerenciamento do projeto.

É comum não querer dar aos clientes más notícias, como atrasos, problemas, sobrecargas, como se o problema fosse desaparecer por não falarmos dele.

A natureza abomina o vácuo, assim como os *stakeholders*. Se não lhes damos informações aprazadas e significantes, farão suposições. Como não vivem o dia a dia do projeto, os *stakeholders* não podem reconhecer os sinais de alerta de problemas, nem que perguntas serão necessárias fazer para saber a situação real do projeto. Cabe, então, aos gerentes fornecer os dados corretos e interpretá-los de tal maneira que eles sejam compreensíveis e proporcionem o real alcance do impacto do problema no projeto.

Há pessoas que concordam com algo, mas parecem surpresas com o resultado atingido. Elas não vão ter o que querem, mas sim o que concordaram em receber. Então, por que a surpresa? Seria também um problema de gerenciamento?

No início do projeto, são acordados o escopo e os planos de recursos. Com o desenvolvimento do projeto, há uma tendência de mudança tanto no escopo quanto nos recursos. Mais cedo ou mais tarde, surgem mudanças no projeto, como mudanças de escopo, prazos, qualidade ou uma combinação de todas essas restrições. Algumas mudanças serão aprovadas, outras serão ajustadas e outras serão negadas.

Se o gerente de projeto está reunido com um *stakeholder*, deve saber como usar bem seu tempo. O gerente não deve perder tempo em questões de projeto que não tenham impactos ou em atividades que estão bem; deve focar nos aspectos de que o *stakeholder* precisa estar ciente e que requerem sua atenção, e assegurar que seja discutido apenas o que for necessário e do interesse do *stakeholder*.

O gerenciamento das expectativas é uma parte crítica do gerenciamento da comunicação, visto que nada pode ser mais desagradável do que entregarmos um projeto aparentemente "perfeito" e então descobrirmos que os *stakeholders* estão desapontados, pois esperavam algo completamente diferente. O gerente do projeto nunca deve colocar os *stakeholders* em uma posição na qual tenham de supor algo ou gerar suas próprias conclusões. É essencial garantir que os *stakeholders* tenham uma percepção correta, completa e no momento certo do projeto. Para isso, deve ser realizado um trabalho preciso de gerenciamento das expectativas dos *stakeholders*, já que eles podem alavancar e viabilizar o sucesso do projeto ou atrapalhar e até mesmo destruí-lo.

Se o sucesso dos projetos é medido pela satisfação dos *stakeholders*, torna-se óbvio que identificá-los, engajá-los e gerenciar suas expectativas são fatores críticos de sucesso. O projeto deve gerar valor não apenas para os *stakeholders* a ele diretamente ligados – cliente, usuário, gerente do projeto, equipe, patrocinador e gerentes funcionais –, mas também para a sociedade como um todo, englobando dimensões de sustentabilidade, responsabilidade social e ambiental (Kezner, 2009).

Devemos focalizar a satisfação dos *stakeholders* em primeiro lugar, fazendo tudo o que for possível para envolvê-los, informá-los e influenciá-los. Para tanto, é necessário o gerenciamento eficaz da comunicação e dos *stakeholders* em projetos.

Muitas vezes, cria-se uma barreira entre o gerente de projeto e seus *stakeholders*. Isso ocorre porque o gerente não se coloca no lugar dos *stakeholders*, tendo em mente somente o objetivo do projeto para a empresa. Para vencer esse obstáculo, precisamos adotar uma postura proativa e enxergar os *stakeholders* como parte do projeto. Tal postura deve ser mantida do início ao final do empreendimento (Mulcahy, 2010).

A equipe do projeto deve entender as expectativas de todos os *stakeholders* e a forma como essas expectativas podem ser gerenciadas para manter relacionamentos de apoio e mitigar consequências dos *stakeholders* que não dão apoio. Para isso, é necessário analisar a atitude de cada *stakeholder* com relação ao projeto. A atitude de uma das partes interessadas com relação a uma organização ou a qualquer das suas atividades pode ser impulsionada por vários fatores, inclusive:

- participação voluntária ou involuntária;
- envolvimento benéfico, pessoal ou organizacionalmente;
- nível de investimento, financeiro ou emocional, de um dos *stakeholders* na atividade.

A avaliação da atitude do *stakeholder* em relação a uma atividade do projeto deverá levar em consideração os seguintes elementos:

- cultura da organização;
- identificação com o projeto e seus resultados ou finalidade;
- percepção da importância do projeto e seus resultados;
- atributos pessoais, tais como a personalidade ou a posição na organização.

Perfis de engajamento serão desenvolvidos ao avaliar a atitude real dos *stakeholders* e a atitude desejada dos mesmos, necessária para o sucesso da atividade. Para traçar os perfis de engajamento, é necessário (Bourne, 2009):

- identificar o nível atual de apoio do *stakeholder* numa escala de 1 a 5: desde o apoio ativo ou comprometido (classificado como 5), passando por neutro (classificado como 3), até ativamente contra ou antagônico (classificado como 1);
- analisar o atual nível de receptividade de cada *stakeholder* em relação às informações sobre o projeto: de ansioso para

receber informações, encorajando contatos pessoais diretos (classificado como 5), passando por ambivalente (classificado como 3), até completamente desinteressado (classificado como 1);

- identificar a posição ótima para engajamento do *stakeholder*, isto é, o nível de apoio e receptividade que melhor atende às necessidades tanto da atividade quanto do envolvido. Se um *stakeholder* importante é contra o projeto e não aceita receber mensagens sobre a atividade, é necessário ter uma abordagem de engajamento diferente da que utilizamos quando estamos lidando com um *stakeholder* altamente favorável ao projeto e que incentiva a entrega pessoal de mensagens.

O resultado dessa análise é uma matriz que compara a atitude atual e a desejada dos *stakeholders*. A primeira dessas matrizes fornecerá uma linha de base para medir a eficácia de qualquer comunicação prevista para engajar um *stakeholder*. Também indica quais *stakeholders* exigem comunicação adicional, além dos relatórios periódicos e de outras comunicações por meio de reuniões.

A figura 4 mostra os resultados da análise aplicada a três diferentes *stakeholders*. Em cada quadro temos, na horizontal, uma avaliação da receptividade do *stakeholder* para receber informações sobre determinada atividade do projeto, e, na vertical, o apoio do *stakeholder* a essa atividade do projeto.

Assim, na horizontal, temos cinco níveis de receptividade do *stakeholder* em relação às informações do projeto:

5 = (muito alta) ávido para receber informações sobre a atividade;
4 = (alta) concorda em receber informações sobre a atividade;
3 = (neutro) indiferente quanto a receber informações sobre a atividade;
2 = (baixa) não quer receber informações sobre a atividade;

1 = (muito baixa) recusa-se terminantemente a receber informações sobre a atividade.

Na vertical, temos cinco níveis de apoio do *stakeholder* a uma determinada atividade do projeto:

5 = forte apoio à atividade do projeto;
4 = pouco apoio à atividade do projeto;
3 = apoio neutro à atividade do projeto, nem contra nem a favor;
2 = pequena rejeição à atividade do projeto;
1 = forte rejeição à atividade do projeto.

Figura 4
Exemplo de atitude do stakeholder

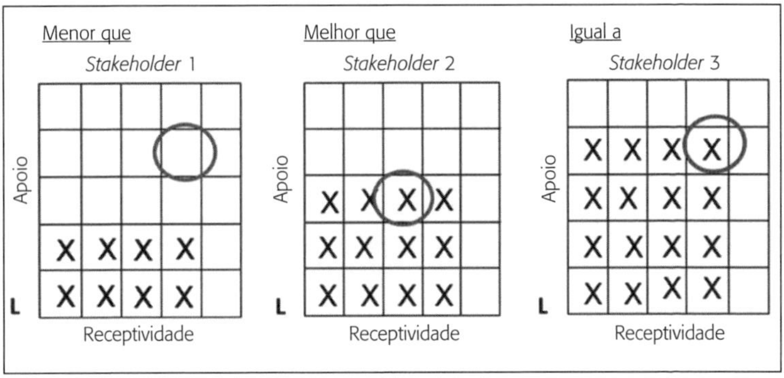

O *stakeholder* 1 foi avaliado como sendo relativamente contra o projeto (2), porém tem uma receptividade alta (4) e é ansioso para receber informações sobre o projeto. Esses resultados são apresentados por "X" nas caixas apropriadas na matriz. No entanto a equipe decidiu que a atitude desejada deve manter a receptividade, mas aumentar o apoio do nível 2 para nível 4, o que é mostrado com um círculo.

Nessa avaliação, existe apenas uma diferença de apoio na atitude atual do *stakeholder* em relação à atitude que a equipe entende ser essencial para o sucesso do projeto.

O *stakeholder* 2 foi avaliado com apoio neutro (3) – não é nem contra e nem a favor do projeto – e tem uma alta receptividade (4), sendo também ansioso por receber informações sobre o projeto. O perfil de engajamento desejado pela equipe do projeto é de neutro, sendo 3 em apoio e 3 em receptividade, ou seja, esse *stakeholder* tem uma receptividade maior do que a equipe deseja; então não será necessário trabalhar para aumentar o perfil de engajamento, podendo até diminuir a receptividade atual.

O *stakeholder* 3 foi avaliado como sendo apoiador (4) e com alta receptividade (4) e esse é exatamente o perfil de engajamento desejado pela equipe do projeto. Uma estratégia de comunicação deve ser desenvolvida para manter o engajamento desse *stakeholder* como está.

Controlar o engajamento de stakeholders

O processo de controle do engajamento envolve o monitoramento da eficácia da comunicação por meio dos seguintes passos:

- análise da comunidade de *stakeholders* para garantir conhecimento do nível de adesão – os atores certos para a fase atual ou momento do projeto;
- análise do perfil de engajamento dos *stakeholders*.

Manutenção da comunidade de stakeholders

O processo de identificação, priorização e engajamento dos *stakeholders* não pode ser um evento único. O trabalho de gerenciamento do relacionamento com os *stakeholders* não pode parar com o planejamento. A natureza e a adesão da comunidade de *stakeholders* muda conforme haja redirecionamento dentro da organização ou até mesmo com a saída dessa organização, podendo assumir diferentes níveis de importância para o projeto, passando por alterações de poder, interesse ou influência.

A chave para o gerenciamento do relacionamento com os *stakeholders* é o entendimento de que a comunidade de participantes é uma rede de pessoas. Não é possível desenvolver relacionamentos que nunca mudarão, assim como não é possível tomar decisões objetivas sobre as pessoas. Na melhor das hipóteses, a metodologia aplicada deve visar reduzir a subjetividade inerente às pessoas que tomam decisões sobre como desenvolver e manter relacionamentos sólidos com outras pessoas.

As relações interpessoais não são fixas. É necessário rever a adesão da comunidade de *stakeholders* regular e continuamente. Revisões regulares devem ser programadas quando o trabalho da atividade se move de um estágio de sua implantação para o seguinte, isto é, do planejar para construir, ou do construir para implantar, em intervalos regulares dentro de uma fase particular. Um intervalo típico para esse tipo de análise seria três meses.

A equipe do projeto precisa analisar continuamente sua comunidade de *stakeholders* para ocorrências não planejadas que podem desencadear uma revisão quando a atividade se move de um estágio de implantação para o próximo, ou quando novas pessoas se juntam à equipe. Cada vez que a dinâmica da mudança da comunidade de interessados muda, a adesão deve ser reavaliada.

Revisão do perfil de engajamento dos stakeholders

Cada vez que a comunidade de participantes é reavaliada, o perfil de engajamento correspondente também deve ser revisto. Qualquer movimento no espaço entre a atitude atual do *stakeholder* e a atitude desejada deve ser considerado. Esse movimento vai proporcionar um indicador da eficácia da comunicação. Outras opiniões *ad hoc* são acionadas quando a equipe observa uma mudança inesperada de atitude de um dos *stakeholders*-chave.

O processo de revisão é uma reavaliação das notas de atitude, que consiste em reavaliar o nível atual de apoio e receptividade. As novas classificações são comparadas com a atitude desejada para verificar se ainda existe divergência.

Monitoramento das tendências

Como observado anteriormente, não é possível desenvolver uma metodologia que seja capaz de medir objetivamente as relações entre uma atividade e seus *stakeholders*. A metodologia deveria definir relações que dependem de um grupo de pessoas que tomam decisões sobre as necessidades, exigências e atitudes de outras pessoas. Deve-se considerar que as necessidades e atitudes das pessoas mudam, e que não é possível ler os corações e as mentes das pessoas, mesmo havendo empatia entre elas.

Relatórios de tendência são comumente utilizados para medição, por exemplo, do progresso real do projeto contra o planejado. Por meio de uma comparação de cada novo conjunto de dados com a linha de base ou conjuntos de dados anteriores, as alterações ou diferenças no projeto proverão uma indicação do sucesso ou insucesso do que se está medindo.

Neste capítulo, discutimos os processos de gerenciamento de *stakeholders*, isto é, como identificar, planejar o gerenciamento, gerenciar e controlar o engajamento dos *stakeholders* no projeto. O objetivo principal do gerenciamento dos *stakeholders* é maximizar os benefícios que eles podem agregar e minimizar as perdas que a eles estão associadas.

Conforme foi visto ao longo do capítulo, o gerenciamento dos *stakeholders* em projetos deve ser proativo e buscar seu engajamento no projeto e a manutenção do bom relacionamento ao longo do projeto. A chave para o gerenciamento do relacionamento dos *stakeholders* é entender que a comunidade formada por eles é uma rede de pessoas. A dimensão humana dos *stakeholders* e os respectivos aspectos comportamentais devem ser considerados para o gerenciamento eficaz, visando aumentar a chance de sucesso do projeto.

Projetos envolvem transformações de uma situação "A" para uma situação "B", o que significa transição e mudança. Assim, no próximo capítulo abordaremos aspectos comportamentais ligados ao processo de mudança.

3

Aspectos comportamentais e o processo de mudança

Neste capítulo, iremos tratar dos aspectos comportamentais envolvidos no processo de mudança, assim como dos processos e papéis recomendados para podermos lidar mais efetivamente com os diversos tipos e classificações de *stakeholders*.

Mudança é se movimentar, migrar para o estado futuro. A gestão da mudança em organizações significa dar suporte, apoio e ajuda nas dimensões técnicas, comportamentais, sociais e emocionais àqueles que estão diretamente envolvidos no processo ou aos que serão impactados e, muitas vezes, ainda não têm a percepção ou consciência do que a mudança acarretará.

As mudanças nas organizações irão criar estados futuros. Para atingir esses estados futuros, os colaboradores e envolvidos deverão realizar suas tarefas de forma diferente. O sucesso do estado futuro dependerá do sucesso dos indivíduos ou grupos em atingir seus próprios estados futuros. A gestão da mudança é uma forma estruturada e intencional para ajudar e facilitar a adoção, por todos os envolvidos, das mudanças exigidas pelo projeto.

A gestão da mudança é uma demanda inevitável nos projetos, seja porque envolve lidar com uma nova tecnologia, seu aprendizado e peculiaridades, seja por impactos estruturais, sociais ou emocionais.

Stakeholders, processo de mudança e "boas práticas"

Conforme cresce a complexidade de um projeto, maior é o número de variáveis ou dimensões envolvidas. Por isso, mais difícil será sua gestão, independentemente dos desafios técnicos, tecnológicos ou científicos envolvidos que trazem incerteza ao projeto.

Segundo o guia *PMBOK* (PMI, 2013a), o gerenciamento dos *stakeholders* envolve os processos de identificação e classificação de seus interesses e suas possíveis formas de atuação, manifestas ou não, seguidos de um plano para lidar com os aspectos percebidos e documentados ou condensados pela equipe, com monitoramento e controle das ações no desenrolar do projeto, sendo feitos os ajustes e alinhamentos necessários ao plano de gerenciamento. Muitas vezes esses ajustes ou mudanças surgem como consequência de mudança de escopo, premissas e restrições, aspectos financeiros ou de cronograma e riscos do projeto.

Bourne (2009) define sucesso no gerenciamento do relacionamento com os *stakeholders* por meio do engajamento, ao longo da vida do projeto, com os *stakeholders*, por meio dos seguintes processos:

- identificação dos *stakeholders*;
- compreensão das suas expectativas;
- gerenciamento dessas expectativas;
- monitoramento da efetividade das ações para engajamento dos *stakeholders*;

- revisão contínua para percepção da comunidade potencial de *stakeholders*.

Saber lidar com a atitude do *stakeholder* é algo relevante. Novamente temos uma abordagem concisa e uma grande contribuição de Bourne (2009), na qual relaciona três dimensões associadas: emocional (estado da mente ou sentimento), visão diante da vida, e o resultado associado a percepções, aprendizados e experiências.

Os elementos básicos que moldam a atitude de um indivíduo podem ser classificados em quatro dimensões: cultura das organizações envolvidas, identificação com as atividades e seus resultados (valores pessoais e identificação com as finalidades das atividades), importância percebida das atividades e seus resultados, e características pessoais (idiossincrasias e posição na organização).

Alguns princípios da gestão da mudança em organizações são úteis aos lidarmos com *stakeholders* e também com projetos nos quais o processo de mudança é mais relevante (Hiatt e Creasey, 2003). Vejamos quais são esses princípios:

- a resposta certa não é suficiente;
- mudança é um processo;
- devem ser considerados o perfil e as necessidades para ajustar os processos de transmissão e recepção da comunicação;
- devem ser levados em consideração o *status quo* e os processos de resistência;
- é necessário perceber e agir considerando também os sistemas de valores e a cultura da organização, mas mantendo o foco nos objetivos do projeto;
- devem ser percebidos o significado e as formas mais adequadas para ações nas mudanças incrementais e nas mudanças radicais – as estratégias são distintas;
- a mudança exige ação da "autoridade" e dos líderes.

O gerenciamento da mudança está ligado ao gerenciamento de *stakeholders*, apresentando entre si grande afinidade e sinergia. Em 2013, o PMI lançou o guia *Managing change in organizations: a practice guide* (PMI, 2013b), que ainda não foi traduzido para o português. O relatório *Best practices in change management* (Prosci, 2012:9) afirma que "projetos com excelente gerenciamento da mudança e de *stakeholders* apresentam cerca de seis vezes mais possibilidades de atender ou exceder às expectativas e objetivos do projeto". Também podemos encontrar no mesmo relatório (Prosci, 2012:22), a referência a dois aspectos fundamentais que estão no topo da lista das recomendações feitas por gerentes de projetos experientes, a saber:

- comunique-se sempre e o mais cedo que puder;
- envolva-se nos aspectos fundamentais da visão do projeto e principais *stakeholders*.

Pelo exposto, fica evidenciada a importância dos aspectos relacionais e dos aspectos comportamentais ligados aos *stakeholders*-chave, pois esses aspectos transcendem aspectos técnicos ou gerenciais no projeto.

Hiatt e Creasey (2003) citam afirmativas de gerentes, em tom de lamentação, a respeito da forma como poderiam ter lidado melhor com alguns dos *stakeholders* relevantes em seus projetos, especialmente devido aos impactos gerados por mudanças:

- "Eu deveria ter me comunicado melhor."
- "Na próxima vez eu envolverei mais pessoas."
- "Se a alta administração tivesse se envolvido mais e com maior amplitude de público em suas atuações, provavelmente teria sido bem melhor."
- "Tive pouco apoio ou fui até sabotado por gerentes que se sentiam ameaçados pelo projeto por falta de compreensão adequada."

O guia *PMBOK* (2013a) cita 11 competências denominadas competências pessoais, a saber:

- liderança;
- construção e gestão de equipes;
- motivação;
- comunicação;
- influência;
- processos decisórios;
- percepção de contextos políticos e culturais;
- negociação;
- ser confiável;
- gerenciar conflitos;
- *coaching*.

Outras mais poderão ser necessárias, dependendo da natureza e complexidade do projeto, como também de aspectos da cultura da organização.

Os aspectos comportamentais e de comunicação devem ser desenvolvidos, em maior amplitude, em gerentes que ocupam funções de maior relevância ou responsabilidade, conforme pode ser percebido em Prosci (2012).

Comportamento e aspectos comportamentais

Preparação intelectual não deve ser confundida com prontidão emocional (Conner, 1995). Por esse motivo, o lado emocional das pessoas é um dos fatores mais importantes e que merece maior atenção. Conner (1995) chama atenção para alguns outros aspectos que devem ser considerados no processo de mudança:

- micromudanças: eu devo mudar;
- mudanças organizacionais: nós devemos mudar;

- macromudanças: todo mundo deve mudar;
- as mudanças, em termos humanos, ocorrem em um *continuum* e não abruptamente;
- a "dor" do estado presente excede o preço do estado de transição;
- grande parte do nosso problema com mudanças é a falta de comunicação adequada às pessoas do impacto que as decisões terão sobre elas em nível pessoal.

Heráclito, filósofo da Grécia antiga, afirmou que não se entra duas vezes em um rio sem que ele esteja diferente. Normalmente a interpretação que é dada é do rio mudando, correntes, temperatura, volume de água ou fatores assemelhados; no entanto, há outra interpretação, tão ou mais importante do que a anteriormente citada: o mundo interior da pessoa que entra no rio está sempre mudando. Em outras palavras, não é somente a dimensão externa que muda e causa os desafios, mas também os aspectos internos e suas mudanças ao longo do tempo. O rio nunca é o mesmo, porque quem entra nesse rio também está mudando. As organizações, por serem formadas por pessoas e suas interações de diversos tipos e níveis, funcionam de acordo com um conjunto de processos, crenças e políticas que caracterizam sua cultura, de modo muito semelhante ao descrito na metáfora do rio.

O comportamento humano, destacando as teorias comportamentais e motivacionais, vem ocupando lugar de destaque no mundo contemporâneo, e mais ainda o será nas próximas décadas (Goleman, 2001; Hiatt e Creasey, 2003; Pink, 2010). Para ilustrar, eis, uma "história de gestão" (Thomas, 2010:3-4):

> Executivos recorriam aos conselheiros técnicos nos quais confiavam e que, muitas vezes, eram despreparados para lidar com questões comportamentais, para saber como os funcionários deveriam ser gerenciados.

"Racionalmente", respondiam, pois essa era sua formação. "Com frequência, os funcionários são emotivos e precisam ser controlados. Devemos dar-lhes tarefas simples com muitas regras e observá-los bem para garantir que obedeçam a elas."

"E eles obedecerão?", perguntavam os executivos.

"Sim, pois não lhes daremos dinheiro e trabalho se não obedecerem."

"Muito bem", retrucaram os executivos, e seus conselheiros, satisfeitos, criaram livros de Regras e Sistemas de Compensação, construindo uma hierarquia vertical para administrá-los. Isso levou algum tempo, mas o mundo avançava lentamente à época e a concorrência era pouca, então as organizações prosperavam.

Os funcionários compartilhavam da prosperidade geral e tornaram-se mais instruídos. Quando isso aconteceu, começaram a se queixar aos executivos de que suas necessidades emocionais poderiam ser mais bem satisfeitas. Isso assustou os conselheiros, que realmente acreditavam ser a emoção a porta de entrada do caos. Contudo, os executivos ordenaram-lhes que modificassem as regras para permitir uma participação modesta e o enriquecimento das tarefas, e as organizações prosperaram.

Com o passar do tempo, o mundo encolheu, os competidores aumentaram em todos os seus domínios e os compradores de suas mercadorias passaram a exigir maior rapidez, qualidade e personalização. À medida que suas hierarquias e livros de regras começaram a não mais surtir efeito, os executivos mais uma vez recorreram aos conselheiros.

"Como podemos satisfazer essas exigências?", perguntaram.

Os conselheiros obviamente responderam: "Racionalmente", e criaram a espada com valor agregado para a redução de custos. Brandindo a espada, os executivos reduziram drasticamente as hierarquias e destruíram os livros de regras, para que os funcionários pudessem inovar e satisfazer as necessidades dos clientes da melhor maneira possível.

Com a redução feita, os executivos descobriram que muita coisa mudara para os funcionários. Não havia hierarquias verticais para monitorá-los de perto e orientá-los, nem regras detalhadas a serem cumpridas. O que irá garantir, perguntaram-se os executivos, que os funcionários ajam com responsabilidade agora? Em resposta, ouviram as opiniões de novos gurus de gestão, que falavam sobre a necessidade de envolvimento dos funcionários. "As pessoas devem ter paixão pelo trabalho e extrair satisfação dele." E os executivos ouviram, nessa mensagem, a repetição da própria energia para o trabalho. Entretanto, as opiniões dos gurus eram muitas, e não estava claro o que exatamente significava envolvimento e como ele funcionava.

Então, os executivos, como já haviam feito, buscaram o auxílio de seus conselheiros de confiança, os engenheiros e os economistas. "Como podemos envolver os funcionários, gerenciando com paixão e satisfação?", perguntaram.

"Não podemos responder a essa pergunta", retrucaram os conselheiros, "pois ela não é racional".

Evidentemente, pensaram os executivos, envolvimento é uma espécie diferente de conceito e exige um novo pensamento. Assim, os executivos escolheram um consultor conhecido por sua sabedoria e fizeram-lhe a seguinte pergunta: "Muita coisa mudou para nossos funcionários. O senhor pode nos ajudar a envolvê-los em seu novo trabalho?"

O sábio consultor ponderou por um instante e disse: "Talvez devamos começar examinando de que se trata o novo trabalho – para ver no que vocês desejam envolvê-los, e como poderão reconhecer o envolvimento quando ele ocorrer".

Essa história apresenta a evolução, de forma simplificada, dos principais conceitos de gestão nas organizações. Quisemos mostrar, com ela, como a emoção, o lidar com as necessidades humanas, a motivação e o comprometimento foram se tornando, paulatinamente, vitais para o sucesso nas organizações.

Imaginem então quando falamos em projetos, com desafios de todos os tipos – técnicos, de gestão, políticos, financeiros, de regulamentação, *stakeholders* com os mais diversos interesses.

Entender e saber efetivamente colocar em prática os elementos que compõem uma competente gestão dos aspectos comportamentais, em especial lidando com as emoções, a motivação e o comprometimento, torna-se uma competência muito importante para os gerentes de projeto e também para quem ocupa nível gerencial nas equipes, além de parceiros diversos no contexto do projeto.

Nossas cabeças e corações se movem em ritmos diferentes. A capacidade que temos de intelectualmente observar, formar uma opinião, decidir e agir é maior que a nossa capacidade de seguir a mesma sequência emocionalmente. Portanto, quando participam de projetos que impactam mudanças organizacionais, os *stakeholders*, em geral, apresentam comprometimento intelectual muito maior do que o emocional (Conner, 1995).

Vamos, a seguir, tratar de aspectos essenciais destas duas competências comportamentais: a motivação e a inteligência emocional, essencialmente.

Motivação

Todos nós, qualitativa ou quantitativamente, percebemos e interpretamos a natureza humana, principalmente nos aspectos comportamental e motivacional. Poder-se-ia até dizer que essas percepções, juntamente com nossas atitudes proativas, são em boa parte responsáveis pelo sucesso do nosso desempenho. No entanto, criamos modelos ou estereótipos de aplicabilidade restrita, em geral nos âmbitos de maior convívio: familiar e social próximo, por exemplo.

Principalmente a partir do século XX, em especial após a década de 1930, surgiram modelos orientados à dinâmica comportamental e motivacional. A "descrição humana", que tinha cunho marcadamente filosófico e ético, com o advento da psicoterapia – iniciada com Freud – e, depois, da psicologia com o *status* de ciência, diversificou-se e cresceu de forma qualitativa e quantitativa (Bowditch e Buono, 1992).

A compreensão dos modelos e sistemas que descrevem os processos motivacionais e comportamentais humanos contribui para uma visão/abordagem holística da organização, em que as pessoas são a base e o meio para se atingir a excelência.

É difícil definir exatamente o que significa motivação, uma vez que o conceito tem sido utilizado com diferentes sentidos. De modo geral, "motivo" é tudo aquilo que impulsiona a pessoa a agir de determinada forma ou, pelo menos, que dá origem à propensão a um comportamento específico. Esse impulso à ação pode ser provocado por um estímulo externo (provindo do ambiente), e pode também ser gerado internamente, nos processos mentais do indivíduo.

Vergara (2013) considera que motivação é uma energia que nos impulsiona na direção de algo. Ela é sempre intrínseca. Do lado de fora, o que há são estímulos.

A motivação está relacionada com o sistema de cognição do indivíduo. Bowditch e Buono (1992) apresentam uma síntese dos aspectos clássicos do processo de motivação.

Em geral, acredita-se que os atos do ser humano são guiados por sua cognição – pelo que ele pensa, acredita e prevê. Mas, ao perguntarmos o motivo pelo qual ele age daquela forma, estamos entrando na questão da motivação, e a resposta relativa à motivação é dada em termos de forças ativas e impulsionadoras, traduzidas em desejos e receios.

É óbvio que as pessoas são diferentes no que tange à motivação, pois as necessidades variam de indivíduo para indivíduo em função dos mais variados fatores externos e internos, produzindo diferentes padrões comportamentais.

Apesar dessas variações e diferenças, existem três premissas que dinamizam o comportamento humano (Bowditch e Buono, 1992):

- o comportamento humano é causado, ou seja, existe uma causalidade do comportamento. Tanto a hereditariedade quanto o meio ambiente influem decisivamente no comportamento das pessoas. O comportamento é causado por estímulos externos ou internos;
- o comportamento é motivado, ou seja, há uma finalidade em todo comportamento humano. O comportamento não é casual nem aleatório, mas sempre dirigido para algum objetivo;
- o comportamento é orientado para objetivos. Em todo comportamento existe sempre um impulso, um desejo, uma necessidade, uma tendência – expressões que servem para designar os motivos do comportamento.

O comportamento não é espontâneo nem isento de finalidade: sempre haverá algum objetivo implícito ou explícito.

Existem dois aspectos do comportamento/motivação que não podemos ignorar, e sua compreensão, juntamente com o domínio pelos gerentes da forma de utilização, pode fazer muita diferença nos resultados da gestão de pessoas (Pink, 2010):

- comportamento tipo I – intrínseco;
- comportamento tipo X– extrínseco.

O comportamento tipo I é motivado por fatores internos ao indivíduo, como idiossincrasias, preferências pessoais, personalidade forte, convicções e ideais. É pertinente a elementos da própria pessoa. Os aspectos típicos que a motivam são o senso de liberdade, o desafio e o propósito da iniciativa em si.

Já o comportamento tipo X é motivado por fatores externos ao indivíduo, como recompensas, restrições e estímulos de terceiros. É associado a fatores e recompensas do ambiente externo, dependendo de fatores ambientais em detrimento de aspectos próprios ou intrínsecos.

Por exemplo, o indivíduo tipo I luta por ideais, enquanto o indivíduo tipo X luta por recompensas.

Pink (2010) relata informações sobre como apareceram, de forma estruturada e comprovada em pesquisas, os comportamentos I e X. Pelo final da década de 1950, os médicos Meyer Friedman e Ray Rosenman observaram semelhanças em seus pacientes com predisposição a cardiopatias e outros. Um dos fatores mais relevantes era o comportamento, isto é, a forma como viam o mundo e agiam em seu dia a dia. Havia preponderância, nesse grupo, de indivíduos tipo X.

Ainda segundo Pink (2010), no final, quase sempre o tipo I supera o tipo X em desempenho.

Quando lidamos com projetos, com suas incertezas e complexidades técnicas e de gestão, há necessidade de pessoas com preponderância do comportamento I, pois estas são mais resistentes à variação nas condições enfrentadas. Preparar os gerentes de projeto para esse conhecimento e práticas para superar as dificuldades de comportamento X e estimular e praticar o comportamento I, em si e na equipe, destacando valores e orgulho, é, sem dúvida, fator crítico de sucesso para cumprimento dos objetivos estabelecidos.

Inteligência emocional

Segundo Tzu (2000:38):

> conhecer os outros e conhecer a si próprio, nenhum perigo em cem batalhas. Não conhecer o outro e conhecer a si próprio, uma vitória para cada derrota. Não conhecer o outro e não conhecer a si próprio, derrota certa em todas as batalhas.

Os estudos sobre inteligência emocional são recentes, porém o conceito já era discutido há muito tempo. As observações concisas de Sun Tzu a respeito do conhecimento tanto de si próprio quanto dos outros anteciparam resultados que emergem nos estudos de inteligência emocional no século XX.

Thorndike (1920), professor da Universidade de Columbia, foi o primeiro a definir e nomear as aptidões da inteligência emocional. Ele criou a expressão "inteligência social", que refletia a habilidade de estabelecer bons relacionamentos. No final dos anos 1980, psicólogos, biólogos, psiquiatras, cientistas da computação, entre outros, mapearam algumas habilidades humanas envolvidas na identificação e no entendimento das emoções. Em 1990, Mayer e Salovey (1990) propuseram que essas habilidades eram parte de uma inteligência emocional única, sendo a definição inicial do conceito de inteligência emocional creditada a ambos. Em 1997, eles publicaram um modelo de inteligência emocional que contemplava quatro divisões, conhecido como *the four branch model*. Para eles, a inteligência emocional está envolvida na capacidade de reconhecer as emoções em si e nos outros, assimilar o sentimento que as emoções transmitem, entender o significado dessas emoções e gerenciá-las.

O conceito de inteligência emocional é mais amplo do que a definição popular propõe e, para melhor entendê-lo, é necessário explorar seus dois componentes – inteligência e emoção – sob a esfera cognitiva. Nessa ótica, inteligência pode ser entendida como a capacidade de combinar e separar conceitos, julgar e racionalizar, e empenhar-se em pensamentos abstratos (Mayer e Salovey, 1990). Uma definição bastante ampla diz que a inteligência é a capacidade de se adaptar ao meio utilizando-se das emoções no processo de adaptação e sobrevivência do organismo. A teoria das inteligências múltiplas (Gardner, 1995) conceitua inteligência como uma capacidade inata, geral e única, que permite aos indivíduos um desempenho maior ou menor em qualquer área de atuação. Houaiss (2001) descreve inteligência como a capacidade de apreender e organizar dados para análise e resolução de problemas e de empenhar-se em processos de pensamento abstrato. Antunes (2005) relata que a palavra inteligência tem origem na junção de outras duas palavras latinas, a palavra *inter* (entre) mais a palavra *legere* (eleger ou escolher). Correlacionando a origem desse termo ao seu conceito atual, chega-se à ideia de que inteligência é a melhor escolha entre duas ou mais opções.

Já as emoções são respostas do organismo a um estímulo produzido pelo ambiente e que têm efeitos importantes nos processos adaptativos e cognitivos. Na concepção de Mayer e Salovey (1990), emoções são fenômenos psicofisiológicos que organizam o comportamento de forma eficiente para a adaptação às exigências dinâmicas do ambiente.

A definição inicial do conceito de inteligência emocional (IE) como capacidade cognitiva surgiu no começo dos anos 1990 e é creditada a John Mayer e Peter Salovey. Contudo, Daniel Goleman foi o responsável por tornar tal conceito popular por meio de seus livros. Ele descreve a inteligência emocional como a capacidade de decifrar e administrar as próprias emoções e as emoções dos outros e de entender os sinais que as emoções transmitem sobre um relacionamento. Na visão de Goleman (2001), inteligência emocional é a capacidade de motivar-se e persistir diante das frustrações, saber controlar as emoções e regular o próprio estado de espírito em favor dos resultados esperados, sem se deixar dominar pela aflição, criando empatia nos relacionamentos.

É importante ressaltar que é possível desenvolver e aprimorar as habilidades de inteligência emocional ao longo da vida. A inteligência emocional pode ser adquirida por meio de treinamentos que visam expandir as competências intrapessoais e interpessoais (Goleman, 2001; Gardner, 1995).

O sucesso profissional está diretamente ligado à habilidade de conhecer e gerenciar os sentimentos e emoções, e de lidar, de maneira eficaz, com as emoções que fazem parte da condição humana. As pessoas emocionalmente inteligentes conhecem e lidam bem com os próprios sentimentos, usam as emoções a seu favor, identificam os sentimentos dos outros e têm empatia por eles.

Resumindo, a inteligência emocional é a capacidade de identificar e perceber emoções em si e nos outros, e usá-las para facilitar o pensamento e a adaptação aos desafios impostos pelos eventos de nossa vida. No processo de mudança em projetos, em razão dos impactos causados pela necessidade de lidar com aspectos intrinsecamente humanos, a inteligência emocional é uma competência estratégica e vital.

Mayer e Salovey (1990) identificaram cinco domínios de inteligência emocional em duas áreas relacionais genéricas: intrapessoal e interpessoal. Vejamos:

a) intrapessoal:

- ❑ autoconhecimento – envolve um monitoramento das reações emocionais de si mesmo, para identificar os sentimentos à medida que eles surgem;
- ❑ gerenciamento de emoções – desenvolve-se a partir da compreensão das origens emocionais derivadas do autoconhecimento;

- motivação – exige que as pessoas canalizem as emoções de maneira eficaz;

b) *interpessoal*:

- empatia – envolve o grau em que os indivíduos são sensíveis aos sentimentos e preocupações dos outros. Líderes empáticos são sensíveis às diferenças nos sentimentos das pessoas a respeito das coisas e são capazes de sair de si próprios para avaliar situações na perspectiva de outros;
- manejo das relações – descreve o quão eficazmente os líderes captam e administram o ambiente emocional da organização.

Goleman (2001) mapeou a inteligência emocional em cinco áreas de habilidades também relacionadas à inteligência intrapessoal (autoconsciência, autodomínio, motivação) e interpessoal (empatia e arte dos relacionamentos):

- inteligência intrapessoal – é a capacidade de formar um modelo verdadeiro e preciso de si mesmo e usá-lo de forma efetiva e construtiva; envolve autoconsciência e autodomínio;
- inteligência interpessoal – é a habilidade de entender as outras pessoas, o que as motiva, como trabalham e como trabalhar cooperativamente com elas. Envolve empatia e habilidade para se relacionar e criar um ambiente que conduz a uma boa interação.

O desenvolvimento de aptidões interpessoais é essencial para a liderança e o sucesso profissional. As aptidões sociais permitem criar relacionamentos, mobilizar e inspirar, convencer e influenciar os outros, e são essenciais ao líder que deseja obter resultados e desempenho superior em sua equipe.

Quando abordamos e lidamos com projetos em que há efetiva necessidade da gestão da mudança com os *stakeholders*, os aspectos da gestão tendem a se tornar desafios ainda maiores, e as competências intrapessoais e interpessoais são as que mais se destacam (Prosci, 2012), juntamente com o conhecimento de aspectos do comportamento, da motivação e também da inteligência emocional. Podemos até afirmar que são pré-requisitos para o sucesso.

Gestão da mudança: o processo de transição

Schein (2010) sugere dois princípios para colocar as mudanças em andamento: primeiro, a ansiedade pela sobrevivência deve ser maior do que a ansiedade por aprender; e, segundo, a ansiedade por aprender deve ser reduzida, em vez de se reduzir a ansiedade pela sobrevivência.

A figura 5 apresenta os principais elementos do processo de transição durante uma mudança, destacando os elementos com os quais o gerente de projeto, também "acumulando" o papel de gerente de mudança, deve lidar.

Figura 5

O PROCESSO DE TRANSIÇÃO

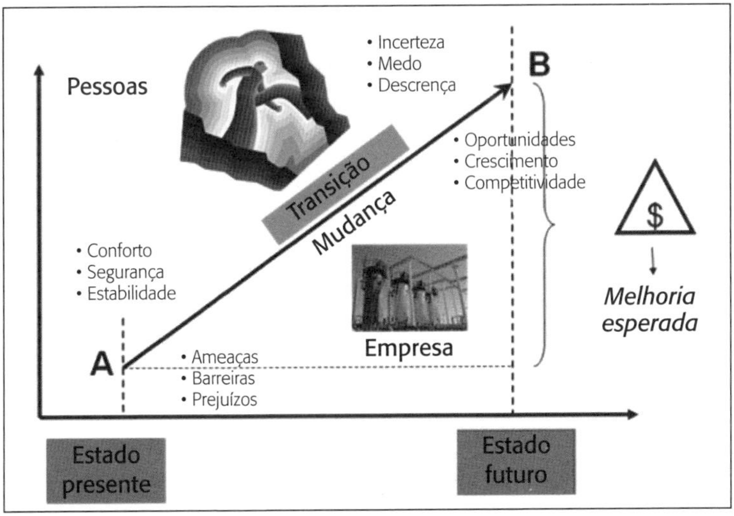

A figura 5 mostra a profunda contradição entre a percepção da organização sobre uma mudança e a das pessoas impactadas pela mesma. Em uma mudança, estabelecida normalmente por uma decisão estratégica de seus dirigentes, estes constataram que o estado presente "A" representa um conjunto de ameaças e barreiras à competitividade e sobrevivência da organização, concluindo que a migração para um estado futuro "B" projetado poderá trazer oportunidades e uma perspectiva de crescimento. Esse mesmo processo é visto de forma completamente inversa pelos *stakeholders* afetados, que percebem, no mesmo estado presente "A", avaliado agora pelo seu ponto de vista pessoal, uma situação de conforto e segurança, enquanto visualizam na transição para o estado futuro "B" uma situação de medo e insegurança, tanto motivada pela descrença nos benefícios que poderão ser obtidos pela mesma, como por uma forte incerteza de que poderão enfrentar essa transição com sucesso.

Essa contradição nos mostra os riscos que poderão impactar a obtenção dos resultados esperados em uma mudança, e como a liderança precisa focar profundamente nos aspectos comportamentais da transição sofrida pelas pessoas envolvidas. As falhas no entendimento desse fenômeno e na realização de ações nesse sentido têm sido, segundo pesquisas de muitos autores e consultorias estratégicas, a principal causa da alta taxa de falhas em projetos de grandes mudanças, que chega, em média, a 70% das iniciativas (Conner, 1995).

O contexto das mudanças para os stakeholders em projetos

As mudanças têm um significado fundamental para os projetos e *stakeholders* têm papel fundamental nesse contexto. Tudo começa pela consideração de que a grande maioria dos projetos é feita para gerar mudanças. Não se conhecem projetos feitos para deixar as coisas exatamente como são. Se quisermos categorizar os tipos de mudanças e seu relacionamento com projetos, poderemos identificar diversas situações, dependendo do ângulo pelo qual estamos analisando a mudança, como apresentado na figura 6.

Figura 6

O CONTEXTO DAS MUDANÇAS

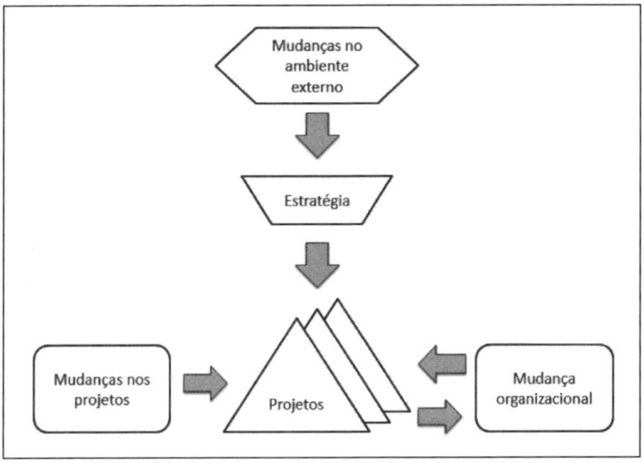

Analisaremos, a seguir, cada um desses elementos.

Mudanças no ambiente externo às organizações

Como o ambiente externo se encontra hoje em constante alteração, a sobrevivência de uma organização depende de manter a execução adequada de sua missão e objetivos ou de conservar ou expandir sua competitividade no segmento de negócio do qual participa, adequando-se continuamente à configuração do citado ambiente. A comunicação, nesse aspecto, ocorre quase sempre de fora para dentro, por meio de informações que são recebidas do mercado, dos clientes, da sociedade e do governo e que, se devidamente monitoradas por um processo de planejamento estratégico, determinam os projetos estratégicos que devem ser implantados. A interferência da organização no processo de comunicação não é muito grande e, muitas vezes, fica até fora do seu controle. O recomendável, entretanto, é que ela, como receptora, mantenha os canais abertos para a captura do maior número de informações relevantes desse ambiente (Prosci, 2012).

Mudanças nos projetos

Ocorrem durante a execução dos projetos e devem ser gerenciadas para o alinhamento do escopo ou do plano do projeto a alterações nos requisitos inicialmente propostos. Os processos de comunicação em projetos são importantes para lidar com essas alterações.

Mudanças organizacionais

São as que podem causar o maior efeito no sucesso da grande maioria dos empreendimentos. Os resultados esperados em projetos, especialmente nos que têm uma conotação estratégica, só são obtidos quando eles são correta e completamente implantados. Surgem aí os maiores desafios, relacionados com a capacidade da organização, por meio de seus *stakeholders*, de absorver os impactos que as mudanças exigidas pelos projetos terão sobre suas competências, expectativas, premissas e valores. O elenco de resistências advindas desses impactos, sem um adequado gerenciamento, pode bloquear o esforço da implantação e impedir que os objetivos sejam atingidos, em parte ou no todo. Estatísticas de índice de sucesso, realizadas em projetos com forte impacto de mudanças nas organizações, tais como os de gerência de qualidade total, reengenharia de processos de negócio e sistemas integrados de gestão (*enterprise resource planning* – ERP), revelam que, nos primeiros anos em que esses tipos de projeto foram criados, sua taxa de sucesso não chegava a 25%. Considerando que os objetivos desses empreendimentos são o aumento da competitividade das empresas, um índice de fracasso (o inverso do sucesso) de 75% pode ser considerado calamitoso. Entretanto, com o entendimento das reais causas desses insucessos e o advento de melhores processos de gerenciamento de mudança organizacional, já se identifica, hoje em dia, uma inversão desses índices, pelo menos para alguns tipos de empreendimentos. Os projetos de implantação de *enterprise resource planning*, que têm por objetivo uma substituição de todos os sistemas de informação isolados ou independentes por um sistema integrado que permita uma gestão centralizada de todos os dados da organização, foram pioneiros nessa questão devido ao alto custo do fracasso de suas implantações, situação muito frequente nos primeiros anos de sua história.

Resiliência e resistência às mudanças

Conner (1995:xxvi) define resiliência como "a habilidade de demonstrar força e flexibilidade durante uma desordem assustadora". Esse mesmo autor (Conner, 1995:209) relaciona cinco características básicas das pessoas ou grupos resilientes:

- demonstram uma sensação de segurança e convicção, que se baseia na sua visão da vida como complexa, mas cheia de oportunidades (positivas);
- têm uma visão clara do que querem realizar (focadas);
- demonstram uma elasticidade especial ao responderem à incerteza (flexíveis);
- desenvolvem abordagens estruturadas para gerenciar a ambiguidade (organizadas);
- induzem mudanças em vez de se defenderem delas (proativas).

Resistência às mudanças é o comportamento apresentado por indivíduos ou grupos que não suportam as mudanças que a organização pretende implantar por meio de um projeto ou conjunto de projetos.

Pessoas resilientes lidam de forma mais efetiva com a mudança e, por esse motivo, são importantes no ambiente de projetos e, principalmente, junto aos *stakeholders* que vão efetivamente lidar ou conviver com a mudança.

Os aspectos lógicos e formais representam pontos de referência, mas não são suficientes para assegurar sucesso ao lidar com os *stakeholders* impactados pela mudança. A resistência às mudanças pode ser originada por diversas causas, como as apontadas por Cameron (2009a), Conner (1995) e Prosci (2012):

- medo do desconhecido, das falhas e das consequências adversas;
- práticas, hábitos e relacionamentos enraizados ("sempre fizemos assim");
- saída da zona de conforto, do familiar, seguro e controlável;
- falta de confiança em si e nos outros;
- aversão a mudanças impostas;
- aversão a surpresas;
- relutância em lidar com dificuldades;
- interesses próprios e alterações no poder e na influência, tais como perda ou mudança do papel na organização;
- falta de respeito e de confiança no promotor da mudança;
- ceticismo quanto ao resultado em decorrência de experiências e falhas passadas.

Nem todas as pessoas resistem a mudanças. Quando lidamos com projetos que envolvem necessidade de mudança, existem três focos que devemos considerar no relacionamento com os *stakeholders*. A figura 7 os ilustra.

Figura 7
FOCOS DA MUDANÇA

Foco no resultado

É o gerenciamento dos *stakeholders* ligados à liderança e ao patrocínio que basicamente é o responsável pela viabilização estratégica e financeira do projeto, bem como pelo apoio essencial em momentos críticos.

Foco no escopo

É o gerenciamento de *stakeholders* ligados aos aspectos ditos técnicos, pertinentes às entregas do projeto, na forma de bens, serviços e outros produtos de ordem intelectual, estética e emocional, entre outros, incluindo também o gerenciamento do projeto, em seus aspectos tradicionais, conforme preconizado pelo guia *PMBOK* (2013a), por exemplo.

Foco no comportamento

É o gerenciamento dos *stakeholders* nos aspectos ligados ao engajamento deles na geração dos resultados do projeto, como também dos que receberão e utilizarão os elementos gerados pelo projeto, tais como clientes e usuários. Quando a implantação do projeto implica mudanças nas rotinas existentes, no *status quo*, em tecnologias, comportamentos e outros elementos, torna-se essencial o uso de técnicas para lidar com a gestão da mudança na dimensão comportamento, que, aliás, é a essência das "boas práticas" em gestão da mudança.

Ao interagir com os *stakeholders* nos aspectos que impactam comportamentos, podemos citar três percepções-chave que devem ser identificadas e priorizadas para que tenhamos maior probabilidade de sucesso ao lidar com a reação negativa dos *stakeholders* (Conner, 1995):

- certeza de consequências negativas;
- dúvida sobre as consequências positivas;
- medo do desconhecido.

Ao identificar a causa primária da reação, podemos planejar a forma mais adequada de lidar com o *stakeholder*, tanto no aspecto cognitivo como nos aspectos comportamentais e emocionais.

Conner (1995) cita o trabalho realizado pela doutora Kubbler Ross, psiquiatra que, a partir de trabalhos realizados com doentes em estado terminal, familiares e profissionais de saúde envolvidos, criou um modelo de comportamento (reação emocional) que descreve as etapas percorridas desde o momento inicial até os últimos estágios.

Apesar de nem todas as pessoas ou grupos passarem por todos os estágios ou sequências descritas na figura 8, o comportamento geral é muito típico. Gerenciar os *stakeholders* é fator crítico de sucesso para lidarmos de forma mais efetiva com mudanças críticas ou impactantes.

Figura 8

REAÇÃO EMOCIONAL A MUDANÇAS NEGATIVAS

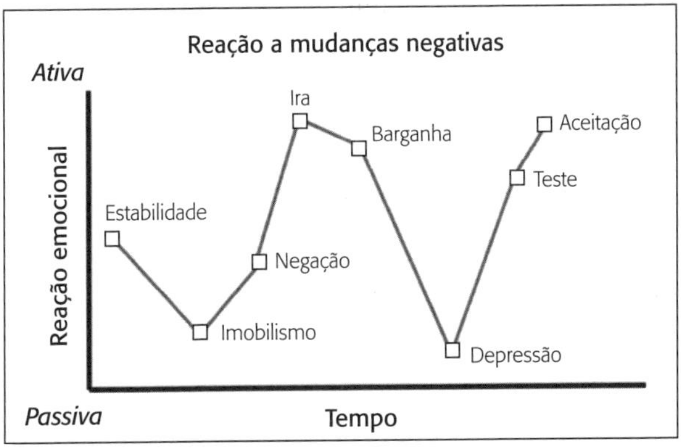

Fonte: Adaptada de Cameron e Green (2009a:32-35).

Você, leitor, será apresentado a uma estrutura simples para organização dos diversos aspectos existentes na criação de uma arquitetura que envolva os *stakeholders* e também os processos de gestão e protocolos básicos de comunicação para lidar de forma mais efetiva com os aspectos e ciclos descritos na figura 8. A figura 9 ilustra esses elementos pelas óticas dos aspectos técnicos e comportamentais.

Figura 9

ESTRUTURA PARA GERENCIAMENTO DO PROJETO E DAS MUDANÇAS

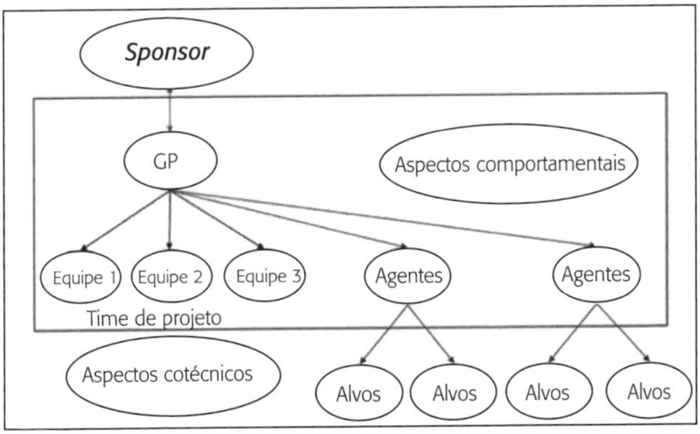

Fonte: Adaptada de Conner (1995).

Podemos, resumidamente, descrever os principais papéis:

- patrocinador (*sponsor*) – tem o poder de legitimar a mudança e de ser o referencial e o principal canal de comunicação com os níveis mais altos da estrutura organizacional e principais *stakeholders* externos, sempre que pertinente;
- gerente do projeto – o gerente do projeto organiza as pessoas, recursos e processos para concretização dos objetivos e escopo propostos. Ele também é o responsável por gerenciar a mudança no projeto;
- agentes da mudança – são os *stakeholders* que irão, efetivamente, lidar com os *stakeholders*-alvo da mudança, ou seja, os que podem efetivamente bloquear ou reagir às mudanças. Em geral, são pessoas influentes junto aos "alvos"; referências no grupo ou com função gerencial próxima aos "alvos";
- alvos – são os *stakeholders* que serão afetados pela mudança, de forma positiva ou negativa, em função das características do projeto.

A partir da estrutura mostrada na figura 10, têm-se os principais protocolos de comunicação necessários:

❑ P1 (GP *versus sponsor*)	sob demanda
❑ P2 (GP *versus* agentes)	relatórios e reuniões regulares
❑ P3 (agentes *versus* alvos)	comunicação, reuniões, comunicação, comunicação...

Estamos partindo da premissa de que o gerente de projeto acumula o papel de gerente da mudança. Os canais de comunicação do gerente de projeto com os agentes de mudança serão bem mais próximos. Essa configuração assumirá os elementos de comunicação descritos na relação P2 (gerente *versus* agentes), mostrados na figura 10.

Figura 10

ESTRUTURA PARA GERENCIAMENTO DO PROJETO E DAS MUDANÇAS – COMUNICAÇÃO

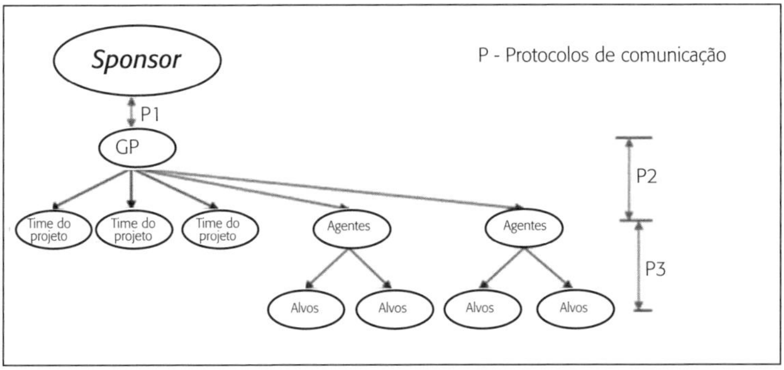

Fonte: Adaptada de Conner (1995).

Para empreendermos efetivamente a mudança que será causada pelo projeto com suas respectivas dificuldades, conforme já tivemos a oportunidade de abordar, Kurt Lewin (apud Conner, 1995:74) propôs um modelo com efetividade validada, na prática, por profissionais que lidam com gestão da mudança, mudança de paradigma e temas afins.

A figura 11 ilustra esse modelo das três fases da mudança e seus principais aspectos.

O estado presente define o estado atual das coisas e do ambiente antes da realização do projeto. Nessa fase é importante mapear aspectos da cultura e clima organizacional, modelo de gestão, processos, principais desafios do ambiente de negócios em que a organização atua, de forma a ter um claro entendimento da situação atual.

A transição é onde reside o grande desafio da mudança. Essa fase apresenta as seguintes características:

- baixa estabilidade;
- alto estresse emocional;

- dispêndio de energia;
- falta de controle;
- padrões antigos de comportamento valorizados;
- crescimento do conflito.

Figura 11

As três fases da mudança – Modelo de Kurt Lewin

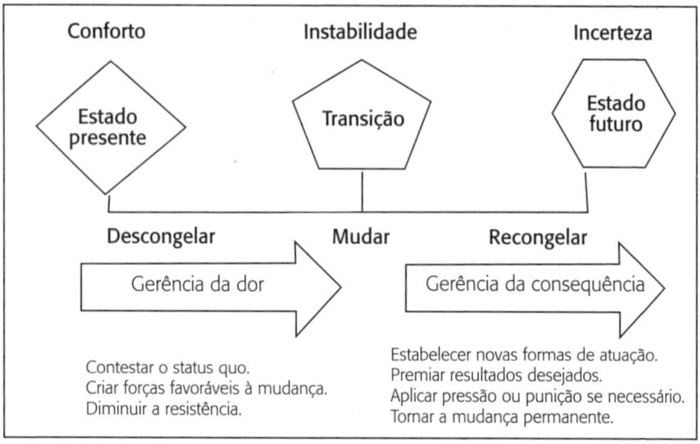

Fonte: Adaptada de Conner (1995); Cameron e Green (2009b).

Para uma transição bem-sucedida, é necessário:

- existir uma estrutura e suporte para encorajar o movimento;
- existirem recursos materiais, logísticos, econômicos e políticos para alcançar o que foi estabelecido;
- reforçar continuamente a necessidade de mudar e de focar no futuro;
- informar e esclarecer o andamento da mudança;
- enviar sinais de compromisso por parte do patrocinador das mudanças;
- incentivar as pessoas a demonstrar seus receios e opiniões;
- tratar os receios e opiniões de forma transparente e legítima;
- designar papéis e responsabilidades para a construção do estado futuro;

- recompensar aqueles que são receptivos à mudança;
- finalmente, se for o caso, pressionar de forma ética aqueles que são resistentes à mudança.

O inicio da transição se dá por meio de um processo de "descongelamento" da situação atual. Esse processo envolve basicamente a realização das primeiras reuniões com os agentes designados. Tais reuniões devem abordar os seguintes pontos:

- a explicação dos problemas e das oportunidades que definem a necessidade de desenvolver um projeto que leve a um estado futuro;
- a explicação do custo e dos riscos de manutenção do *status quo*, ou seja, do estado presente;
- a demonstração de que o patrocinador do projeto está fortemente comprometido com a mudança, de forma a conferir legitimidade;
- a comunicação, a especificação e o esclarecimento das mudanças necessárias;
- a utilização, se necessário, da gerência da dor e, obrigatoriamente, da gerência de consequências.

A gerência da dor consiste em conscientemente organizar e orquestrar informações que evidenciem o desconforto com o *status quo*, já que, pela sua própria natureza, o conforto com ele desestimula mudanças. Por outro lado, a *gerência de consequências* lida com as reações positivas e negativas geradas pela mudança e busca apoiar permanentemente a mudança, fornecendo, por exemplo, infraestrutura, recursos, suporte ao pessoal e comunicação constante.

Caro leitor, este capítulo abordou os aspectos comportamentais associados ao processo de mudança, destacando a importância da dimensão humana nesse contexto, a qual vai permitir que as ações sobre os *stakeholders* possam ser mais efetivas, aumentando a probabilidade de sucesso dos projetos.

Conclusão

Este livro tem como objetivo apresentar de forma didática os conceitos fundamentais do gerenciamento de *stakeholders* em projetos, os processos para que esse gerenciamento se dê de forma eficiente, o processo de mudança e seus aspectos comportamentais intrínsecos, bem como estudos de casos que ilustram, nos apêndices A e B, de forma prática, os conceitos apresentados.

Um projeto, para ser considerado um sucesso, deve satisfazer as necessidades para as quais foi criado, levando em conta as expectativas acordadas com os *stakeholders* em face das mudanças frequentes que ocorrem durante sua execução.

O gerente deve monitorar os *stakeholders* durante toda a vida do projeto, pois eles têm níveis dinâmicos de poder e urgência que podem impactar o resultado final do projeto ou mesmo inviabilizá-lo.

É necessário que o gerente do projeto desenvolva estratégias que possam satisfazer múltiplos grupos de *stakeholders* ao mesmo tempo, seja capaz de conhecer em detalhes cada *stakeholder* que poderá influenciar positiva ou negativamente a conclusão do projeto e procure engajar aqueles necessários a cada passo do projeto para que o resultado final seja um sucesso.

Falhas no gerenciamento e controle do engajamento dos *stakeholders* no projeto podem ocasionar conflitos com a comunidade, publicidade negativa para a organização envolvida, dificuldades nas tomadas de decisão e impossibilidade de responder às necessidades dos *stakeholders*, entre outras consequências indesejadas.

O gerente do projeto deve ter habilidade de resolver disputas e interagir com pessoas, sendo assim capaz de gerenciar a interação entre os *stakeholders* buscando dirimir os problemas que possam surgir para atingir sua meta, isto é, o sucesso do empreendimento.

Esperamos ajudar você, caro leitor, a ter uma visão ampla do vasto campo de conhecimento relacionado com o gerenciamento de *stakeholders* em projetos, suas nuances e a complexidade de mensurar as reações e emoções envolvidas no processo de gerenciar um projeto que, sendo dinâmico, sofre mudanças constantes, tem interesses conflitantes em jogo e um objetivo que deve ser alcançado para benefício de todos os participantes do processo.

Desejamos que este livro possa desenvolver e aprimorar, nos interessados em gerenciamento de projetos, os conhecimentos e o ferramental adequado ao gerenciamento de *stakeholders*.

Referências

ANTUNES, C. *A inteligência emocional na construção do novo eu*. Petrópolis: Vozes, 2005.

ASSOCIAÇÃO BRASILEIRA DE NORMAS TÉCNICAS. *ABNT NBR ISO 21500:2012*. São Paulo: ABNT, 2012.

BEZERRA, M. D. C.; BURSZTYN, M. *Ciência e tecnologia para o desenvolvimento sustentável*. Brasília, DF: Ibama, 2000.

BOURNE, L. *Stakeholders Relationship Management*: a Maturity Model for Organisational Implementation. Londres: Gower, 2009.

BOUTILLIER, R. *A Stakeholder Approach to Issues Management*. Nova York: Business Expert, 2012.

BOWDITCH, J. L.; BUONO, A. F. *Elementos de comportamento organizacional*. São Paulo: Pioneira, 1992.

BRESSER-PEREIRA, L. C. Sociedade civil: a democratização para reforma do Estado. In: ______; WILHEIM, J.; SOLA, L. *Sociedade e Estado em transformação*. Brasília, DF: Unesp/Enap, 1999. p. 67-116.

CAMERON, E; GREEN, M. *Making Sense of Change Management*: a Complete Guide to the Models, Tools and Techniques of Organizacional Change. Londres: Kogan Page, 2009a.

______; ______. *Management*: a Complete Guide to Models, Tools & Techniques of Organizational Change. Londres: Kogan Page, 2009b.

CARROL, A. B.; BUCCHOLTZ, A. K. *Business & Society*: Ethics, Sustainability and Stakeholder Management. Mason: Sout-Western/ Cengace Learning, 2012.

CLELAND, I. D. *Gerência de projetos*. Rio de Janeiro: Reichmannn & Affonso, 2002.

CONNER, D. R. *Gerenciando na velocidade da mudança*. Rio de Janeiro: Infobook, 1995.

CRAWFORD, L.; HOBBS, B.; TURNER, R. Investigation of Potential Classification Systems for Projects. In: PMI RESEARCH CONFERENCE, 2002, Seattle, WA. *Proceedings...* Newton Square: PMI, 2002. p. 181-190.

DAWSON, R. J. Communications Strategies for Major Public Works Projects: the Los Angeles Metro Rail Program Under Siege. In: PROJECT MANAGEMENT INSTITUTE. *Project Management Casebook*. Newton Square: PMI, 1997.

DUNHAM, L.; FREEMAN, R. E.; LIEDTKA, J. *The Soft Underbelly of Stakeholder Theory*: the Role of Community. Charlottesville: Darden Business School, 2001.

FERREIRA, A. B. de Holanda. *Novo dicionário da língua portuguesa*. Rio de Janeiro: Campus, 1986.

FREMANN, R. E.; MC VEA, J. *A sStakeholder Approach to Strategic Management*. Oxford:[s.n.], 2001.

______ et al. *Stakeholder Theory*: the State of the Art. Cambridge: Cambridge University Press, 2010.

GARDNER, H. *Inteligências múltiplas*: a teoria na prática. Porto Alegre: Artes Médicas, 1995.

GOLEMAN, D. *Inteligência emocional*: a teoria revolucionária que redefine o que é ser inteligente. Rio de Janeiro: Objetiva, 2001.

HARRIS, J.; FREEMAN, R. E. The Impossibility of the Separation Thesis. *Business Ethics Quarterly*, v. 18, n. 4, p. 541-548, out. 2008.

HIATT, J.; CREASEY, T. J. *Change Management*: the People Side of Change. Loveland: Prosci Research, 2003.

HOUAISS, A. *Dicionário da língua portuguesa*. Rio de Janeiro: Objetiva, 2001.

INTERNATIONAL ORGANIZATION FOR STANDARDIZATION (ISO). *ISO 21500:2012*: Guidance on Project Management. Genebra: ISO, 2012.

JAYASWAL, B. K.; PATTON, P. C; ZULTNER, R. E. *Understanding Customer Needs*: Software QFD and the Voice of the Customer. Upper Saddle River: Prentice Hall, 2007.

JONES, R. E. Managing the Political Context in PMS Organizations. *European Journal of Operational Research*, v. 49, n. 1, p. 60-67, 1990.

KEZNER, H. *Project Management*: a System Approach to Planning, Scheduling and Controlling. 10. ed. Hoboken: John Wiley & Sons, 2009.

LAVE, J.; WENGER, E. *Situated Learning*: Legitimate Peripheral Participation. Nova York: Cambridge University Press, 1993.

LEE, D.; NEWBY, H. *The Problem of Sociology*: an Introduction to the Discipline. Londres: Hutchinson, 1983.

MAXIMIANO, A. A. *Administração de projetos*. São Paulo: Atlas, 2010.

MAYER, J.; SALOVEY, P. *Emotional Intelligence*: Imagination, Cognition, and Personality. Nova York: Basic Books, 1990.

MULCAHY, R. *Risk Management Tricks of the Trade for Project Managers*. Hopkins: RMC, 2010.

NOLAN, R; KOLB, D. M. Architecture Leadership and Stakeholders. *Stage by stage*, v. 7, n. 109, mar. 1987.

PHILIPS, R. *Stakeholder Theory and Organizational Ethics*. São Francisco: BK, 1968.

PIETSCHKE, F.; WIMMER, F. *Novo Michaelis dicionário ilustrado*. São Paulo: Melhoramentos, 1986.

PINK, D. *Motivação 3.0*: os novos fatores motivacionais que buscam tanto a realização pessoal quanto profissional. Rio de Janeiro: Elsevier, 2010.

PINTO, J. K. *Successful Information System Implementation*: the Human Side. Upper Darby: PMI, 1994.

PROJECT MANAGEMENT INSTITUTE (PMI). *Code of Ethics and Professional Conduct*. Newton Square: PMI, 2006. Disponível em: <*www.pmi.org/About-Us/Ethics/~/media/PDF/Ethics/ap_pmicodeofethics.ashx*>. Acesso em: 14 mar. 2014.

______. *Guia PMBOK*: um guia do conhecimento em gerenciamento de projetos. 5. ed. Newton Square: PMI, 2013a.

______. *Managing Change in Organizations*: a Practice Guide. Newton Square: PMI, 2013b.

PROSCI INC. *Best Practices in Change Management*. Loveland: Prosci, 2012.

RABECHINI JR., R. *O gerente de projetos na empresa*. São Paulo: Atlas, 2005.

SCHEIN, E. H. *Organizational Culture and Leadership*. São Francisco, CA: Jossey-Bass, 2010.

STERNBERG, E. *The Stakeholder Concept*: a Mistaken Doctrine. Leeds: Foundation for Business Responsibilities, 1999.

THOMAS, K. W. *A verdadeira motivação*: descubra os quatro elementos capazes de fortalecer o envolvimento de seus funcionários para sempre. Rio de Janeiro: Elsevier, 2010.

THORNDIKE, E. L. Intelligence and its Use. *Harper's Magazine*, v. 140, p. 227-235, 1920.

TRENTIM, M. H. *Managing Stakeholders as Clients*: Sponsorship, Partnership, Leadership and Citizenship. Newton Square: PMI, 2012.

TZU, S. *A arte da guerra*. Porto Alegre: L&PM, 2000.

VERGARA, S. C. *Gestão de pessoas*. 13. ed. São Paulo: Atlas, 2013.

WIDEMAN, R. M. *A Management Framework for Project, Program and Portfolio Integration*. Bloomington, IL: Trafford.2004.

Apêndice A
Exemplo de plano de gerenciamento dos stakeholders

O caso do projeto de reciclagem de embalagens da empresa Tubaínas Orgânicas de Piracicaba (TOP)

O caso apresentado neste apêndice é hipotético e discute o desenvolvimento de um projeto de reciclagem de embalagens (Projeto Recicla) para uma linha de refrigerantes orgânicos de uma empresa fictícia de bebidas chamada Tubaínas Orgânicas de Piracicaba (TOP), que possui acionistas brasileiros e ingleses. A empresa TOP concorre com outra empresa, também fictícia, denominada Refrigerantes Orgânicos com Embalagem Reciclável (Roeb).

A empresa TOP é uma empresa regional, com forte atuação no mercado da cidade de Piracicaba, no estado de São Paulo. Essa cidade possui muitos estudantes universitários, por conta da grande quantidade de faculdades nela instaladas, inclusive a Escola Superior de Agricultura Luís de Queiróz (ESALQ), da Universidade de São Paulo. A empresa produz uma linha de refrigerantes de alta qualidade, que é muito apreciada pela grande população de estudantes universitários de Piracicaba. A razão do prestígio dessa marca de refrigerante é que seu produto usa matéria-prima orgânica, característica considerada importante por esse público consumidor. Por isso, a marca Tubaínas Orgânicas tem alta penetração de mercado dessa cidade, que absorve cerca de 90% de sua produção.

Apesar da trajetória de sucesso, o departamento de marketing da empresa notou que existe uma tendência de perda de fatia de mercado para a empresa concorrente Roeb. A Roeb oferece ao mercado consumidor, há cerca de cinco anos, um refrigerante que também é feito com matéria-prima orgânica, mas que apresenta um forte diferencial: as embalagens descartadas são, em quase sua totalidade, recicladas por uma cooperativa de reciclagem de resíduos sólidos locais. Uma pesquisa mostrou que os consumidores estão buscando não apenas um refrigerante feito com matéria-prima orgânica, mas também desejam que as embalagens sejam recicladas. Até o presente momento, a empresa TOP não havia desenvolvido nenhum projeto que promovesse a reciclagem das embalagens plásticas usadas em seu produto. Diante disso, o diretor-presidente da empresa TOP ordenou que a empresa desenvolvesse imediatamente um projeto para reciclar as embalagens descartadas do refrigerante na cidade de Piracicaba. O presente tópico apresenta o plano de gerenciamento de *stakeholders* do Projeto Recicla para a criação de uma operação de reciclagem de embalagens de refrigerantes na cidade de Piracicaba.

Componentes do plano de gerenciamento de stakeholders

O plano de gerenciamento de *stakeholders* pode ter o seguinte conteúdo, conforme define o guia *PMBOK* (PMI, 2013a):

- registro dos *stakeholders*-chave devidamente classificados;
- nível de engajamento atual e desejado dos *stakeholders*;
- estratégia para mudar o nível de engajamento dos *stakeholders*;
- escopo e impacto de mudanças para os *stakeholders*;
- identificação das relações entre *stakeholders*;
- identificação do nível de sobreposição entre *stakeholders*;
- requerimentos de comunicação dos *stakeholders* para o projeto;
- informações a serem distribuídas para os *stakeholders*, incluindo a língua, formato, conteúdo e nível de detalhe;
- justificativa de distribuição das informações e o impacto esperado dessa distribuição de informações;
- cronograma e periodicidade de comunicação com os *stakeholders*;
- método para atualizar e refinar o plano de gerenciamento de *stakeholders*.

Plano de gerenciamento de stakeholders

Sumário executivo

A empresa TOP é uma empresa regional, com acionistas brasileiros e estrangeiros, com forte atuação no mercado da cidade de Piracicaba no estado de São Paulo. Produz uma linha de refrigerantes de alta qualidade, que é muito apreciada pela grande população de estudantes universitários de Piracicaba. A razão do prestígio dessa marca de refrigerante é que seu produto usa matéria-prima orgânica, característica considerada importante por esse público consumidor, que absorve 90% da produção. A empresa, entretanto, não tem uma operação de reciclagem de embalagens de seus refrigerantes, que são descartáveis. Isso está impactando as vendas do produto, fazendo com que a empresa perca mercado para um concorrente.

O projeto em pauta se chama Recicla e tem por objetivo dotar a empresa de uma operação de reciclagem de embalagens dos refrigerantes consumidos na cidade de Piracicaba.

Inventário de stakeholders

O quadro 5 contém a relação dos principais *stakeholders* do Projeto Recicla e está relacionado com o processo 13.1 – Identificar *stakeholders* do guia *PMBOK* (PMI, 2013a).

Quadro 5

INVENTÁRIO DE STAKEHOLDERS

Item	Descrição	Expectativas e requisitos	
1	Consumidor	Alta	Deseja que as embalagens sejam recicláveis.
2	Cooperativa de reciclagem	Alta	Deseja obter mais serviços de reciclagem e receitas.
3	Prefeitura da cidade	Média	Deseja o aumento de empregos na cidade.
4	Ministério do Trabalho	Baixa	Deseja que o projeto esteja em conformidade com a legislação trabalhista.
5	Departamento financeiro	Média	Espera que a reciclagem não onere a margem de lucro.
6	Marketing e vendas	Alta	Espera a recuperação e, se possível, um aumento da fatia de mercado.
7	Diretoria executiva	Alta	Deseja que o projeto seja bem-sucedido para evitar a perda de fatias do mercado.
8	Acionista	Alta	Espera a recuperação das margens de lucro e volume de vendas.
9	Equipe de projeto	Alta	Deseja que o projeto seja bem-sucedido e atinja seus objetivos.

Análise de poder versus interesse no projeto

A análise de poder de *stakeholders versus* interesse no projeto está mostrada na figura 12. Esta análise está relacionada com o processo 13.2 – Planejamento do gerenciamento de *stakeholders* do guia *PMBOK* (PMI, 2013a).

Figura 12

PODER DO STAKEHOLDER VERSUS INTERESSE NO PROJETO

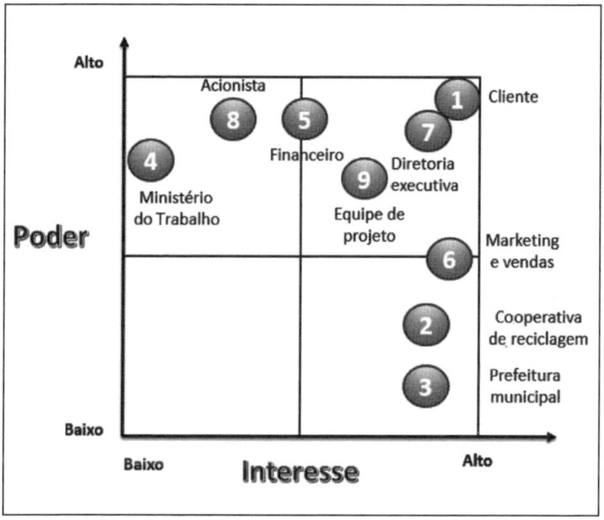

Influência dos stakeholders

O quadro 6 descreve o grau de influência dos principais *stakeholders* do Projeto Recicla. Este quadro está relacionado com o processo 13.2 – Planejamento do gerenciamento de *stakeholders* do guia *PMBOK* (PMI, 2013a).

Quadro 6
NÍVEL DE INFLUÊNCIA DOS STAKEHOLDERS

Item	Descrição	Influência potencial no projeto	
1	Consumidor	Alta	Possui alta influência, pois seus hábitos de consumo influenciam a venda do produto.
2	Cooperativa de reciclagem	Baixa	Possui baixa influência na definição do projeto.
3	Prefeitura municipal	Média	Se a operação de reciclagem for feita fora da sua jurisdição, poderá haver oposição ao projeto na forma de sanções, por exemplo, dificultar a vida da empresa.
4	Ministério do Trabalho	Baixa	Possui influência apenas se o projeto não cumprir as normas legais das operações de reciclagem a serem realizadas.
5	Departamento financeiro	Alta	Pode interferir na concepção e no andamento do projeto caso os custos de implantação e de operação sejam onerados excessivamente.
6	Marketing e vendas	Alta	Deseja que o projeto seja implantado de qualquer forma para recuperação da fatia de mercado.
7	Diretoria executiva	Alta	Pode interferir na concepção e andamento do projeto segundo seu entendimento do que é melhor para a empresa.
8	Acionistas	Alta	Pode interferir na concepção e andamento do projeto caso haja diminuição do lucro ou perda de fatia de mercado.
9	Equipe de projeto	Alta	Pode interferir na concepção e andamento do projeto segundo seu entendimento do que é melhor para a empresa.

Nível de engajamento e estratégias

O quadro 7 mostra a situação atual de engajamento dos *stakeholders* do Projeto Recicla e define a estratégia para manter ou melhorar o nível desse engajamento, buscando minimizar a oposição ao projeto e capitalizar o apoio existente. Esse quadro está relacionado com o processo 13.2 – Planejamento do gerenciamento de *stakeholders* do guia *PMBOK* (PMI, 2013a).

Quadro 7

NÍVEL DE ENGAJAMENTO E ESTRATÉGIA PARA LIDAR COM STAKEHOLDERS

	Descrição	I	R	N	F	FA	Estratégia
1	Consumidor				A	D	Comunicar que a reciclagem é feita de forma melhor que o concorrente.
2	Cooperativa de reciclagem					A D	Não há necessidade de mudança de nível de engajamento.
3	Prefeitura da cidade					A D	Não há necessidade de mudança de nível de engajamento.
4	Ministério do Trabalho			A	D		Mostrar que o projeto seguirá as normas e é benéfico para a sociedade.
5	Departamento financeiro				A	D	Garantir que a implantação do projeto não corroerá as margens de lucro.
6	Marketing e vendas					A D	Não há necessidade de mudança de nível de engajamento.
7	Diretoria executiva					A D	Não há necessidade de mudança de nível de engajamento.
8	Acionista				A	D	Mostrar que a implantação do projeto poderá melhorar o volume de vendas e a recuperação de margens de lucro.
9	Equipe de projeto					A D	Não há necessidade de mudança de nível de engajamento.

Legenda
I = Inconsciente
R = Resistente
N = Neutro
F = Favorável
FA = Favorável e apoiador
A = Nível atual de engajamento do *stakeholder*
D = Nível desejado de engajamento do *stakeholder*

Impacto das mudanças do projeto para os stakeholders

O Quadro 8 – Impacto da mudança a ser gerado pelo projeto – mostra como o Projeto Recicla impacta cada *stakeholder* identificado e está relacionado com o processo 13.2 – Planejamento do gerenciamento de *stakeholders* do guia *PMBOK* (PMI, 2013a).

Quadro 8

IMPACTO DA MUDANÇA A SER GERADA PELO PROJETO

Id	Descrição	Impacto	Descrição do impacto
1	Consumidor	Pode ser indiferente, favorável ou ter postura negativa em relação à TOP. Se tiver um posicionamento negativo, impactará fortemente os resultados da TOP.	Se considerar que a nova embalagem é realmente reciclada, poderá vir a apoiar o projeto e fazer propaganda boca a boca, resultando em mais vendas. Entretanto, caso não haja divulgação suficiente de que as embalagens são recicláveis, o consumidor poderá não perceber e ser indiferente ao produto. Além disso, o consumidor poderá ter uma postura negativa em relação à TOP se tiver a percepção de que a embalagem do produto não é reciclada da forma anunciada pela empresa.
2	Cooperativa de reciclagem	Impacto positivo. É favorável ao projeto.	Se o projeto não for implantado ou apenas parcialmente implantado, deixará de obter receitas adicionais. Mas não será prejudicada no seu nível atual de negócios por causa do fracasso do projeto.
3	Prefeitura da cidade	Impacto positivo. É favorável ao projeto.	A prefeitura deseja muito a criação de empregos na cidade. O Projeto Recicla pode aumentar o número de pessoas empregadas no setor de reciclagem. Além disso, a prefeitura possui interesse em minimizar a geração de lixo na cidade. De modo geral, a prefeitura será uma entidade aliada.
4	Órgão local do Ministério do Trabalho	Por se tratar de um órgão público federal, tende a ser mais indiferente ao projeto do que a prefeitura.	O Ministério do Trabalho não depende de verbas locais, já que seu custeio é feito pela União. Se o projeto der certo, mais pessoas serão empregadas e o Ministério do Trabalho poderá ter mais trabalho de fiscalização a fazer, o que pode ser um ponto negativo. Mas dificilmente o Ministério do Trabalho será contrário ao projeto porque o Governo Federal tem interesse em aumentar o número de postos de trabalho com carteira assinada. De modo geral, a avaliação é que o Ministério do Trabalho tenderá a ser neutro em relação ao projeto.

Continua

Id	Descrição	Impacto	Descrição do impacto
5	Departamento financeiro	Impacto positivo e significativo.	Um projeto malsucedido ou implantado acima do orçado pode impactar as finanças da empresa. O impacto será mais significativo caso o projeto se mostre fracassado. O departamento financeiro apoia o projeto, pois tem ciência de que, se o mesmo não gerar resultados, a capacidade de geração de caixa da empresa será prejudicada.
6	Marketing e vendas	Impacto positivo e significativo.	A proposta de desenvolvimento do Projeto Recicla nasceu em marketing. Esse departamento sabe que a empresa pode perder uma fatia de mercado se o projeto não for bem-sucedido.
7	Diretoria executiva	Impacto positivo e significativo.	A diretoria executiva da TOP está ciente de que o projeto precisa ser bem-sucedido e é um forte apoiador do Projeto Recicla.
8	Acionistas	Impacto positivo e significativo.	Os acionistas estão cientes de que o projeto precisa ser bem-sucedido e são fortes apoiadores do Projeto Recicla.
9	Equipe de projeto	Impacto positivo e significativo.	A equipe de projeto está ciente da importância do projeto e é forte apoiadora do mesmo.

Identificação das relações entre stakeholders

A figura 13 mostra a relação que existe entre os *stakeholders* identificados do Projeto Recicla e está relacionada com o processo 13.2 – Planejamento do gerenciamento de *stakeholders* do guia *PMBOK* (PMI, 2013a).

Observe que no diagrama mostrado na figura 13, a força das relações é representada pelas linhas de conexão entre *stakeholders*:

- linhas em negrito indicam conexões mais fortes;
- linhas mais finas indicam conexões com média intensidade;
- linhas pontilhadas indicam conexões fracas.

Observe ainda que existem conexões bilaterais e unilaterais.

Figura 13
Relações entre stakeholders

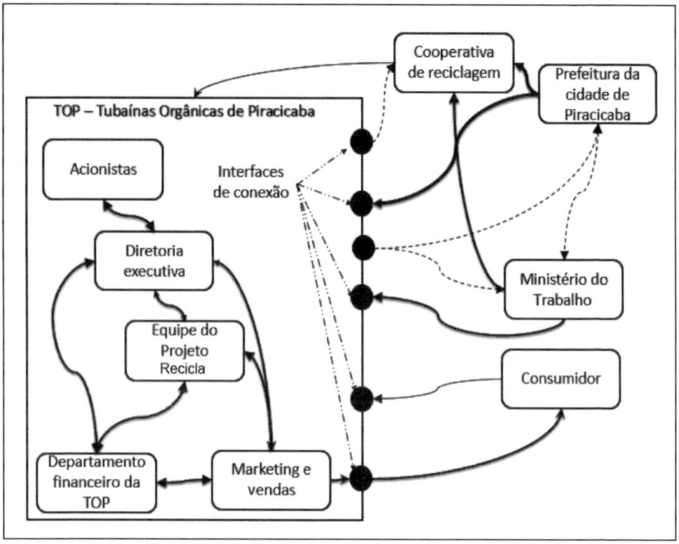

Análise das relações entre stakeholders

O quadro 9 mostra e descreve as relações entre *stakeholders* do Projeto Recicla. Esse quadro está relacionado com o processo 13.2 – Planejamento do gerenciamento de *stakeholders* do guia *PMBOK* (PMI, 2013a).

Identificação do nível de sobreposição entre stakeholders

O quadro 10 mostra as sobreposições de interesses entre os diversos *stakeholders* do Projeto Recicla e está relacionado com o processo 13.2 – Planejamento do gerenciamento de *stakeholders* do guia *PMBOK* (PMI, 2013a).

Quadro 9

ANÁLISE DAS RELAÇÕES ENTRE STAKEHOLDERS

Stakeholders	Acionistas	Consumidor	Cooperativa de reciclagem	Departamento financeiro	Diretoria executiva	Equipe de projeto	Marketing e vendas	Ministério do Trabalho	Prefeitura municipal	TOP
Acionistas		Acionistas não possuem relações explícitas com consumidores.	Acionistas não possuem relações explícitas com a cooperativa.	Acionistas não possuem relações explícitas com o departamento financeiro.	Acionistas possuem forte relação bilateral com a diretoria executiva.	Acionistas não possuem relações explícitas com a equipe de projeto.	Acionistas não possuem relações explícitas com marketing.	Acionistas não possuem relações explícitas com o Ministério do Trabalho.	Acionistas não possuem relações explícitas com a prefeitura.	Acionistas possuem forte relação com a TOP.
Consumidor	Consumidor não possui relação explícita com acionistas.		Consumidor não possui relação explícita com a cooperativa.	Consumidor não possui relação explícita com o departamento financeiro.	Consumidor não possui relação explícita com a diretoria executiva	Consumidor não possui relação explícita com a equipe de projeto.	Consumidor não possui relação explícita com o departamento de marketing.	Consumidor não possui relação explícita com o Ministério do Trabalho.	Consumidor não possui relação explícita com a prefeitura.	Consumidor possui relação explícita com a marca TOP.
Cooperativa de reciclagem	Cooperativa não possui relação explícita com acionistas.	Cooperativa não possui relação explícita com consumidor.		Cooperativa não possui relação explícita com departamento financeiro, exceto pelo fato de receber pagamento pelos serviços prestados.	Cooperativa não possui relação explícita com a diretoria da TOP.	Cooperativa não possui relação explícita com a equipe do Projeto Recicla.	Cooperativa não possui relação explícita com o departamento de marketing da TOP.	Cooperativa não possui relação explícita com o Ministério do Trabalho.	Cooperativa não possui relação explícita com a prefeitura.	Cooperativa possui relação explícita com a empresa TOP.
Departamento financeiro	Departamento financeiro não possui relação explícita com acionistas.	Departamento financeiro não possui relação explícita com o consumidor.	Departamento financeiro possui uma relação apenas formal com a cooperativa para pagamento de serviços prestados.		Departamento financeiro possui forte relação com a diretoria executiva.	Departamento financeiro possui forte relação explícita com a equipe de projeto.	Departamento financeiro possui forte relação explícita com o departamento de marketing.	Departamento financeiro não possui relação explícita com o Ministério do Trabalho	Departamento financeiro não possui relação explícita com a prefeitura exceto para pagamento de tributos.	Departamento financeiro possui relação explícita com a empresa e a marca TOP.

Continua

Stakeholders	Acionistas	Consumidor	Cooperativa de reciclagem	Departamento financeiro	Diretoria executiva	Equipe de projeto	Marketing e vendas	Ministério do Trabalho	Prefeitura municipal	TOP
Diretoria executiva	Diretoria executiva possui forte relação com acionistas.	Diretoria executiva possui relação com o consumidor enquanto cliente.	Diretoria executiva possui relação explícita com a cooperativa.	Diretoria executiva possui forte relação explícita com o departamento financeiro.		Diretoria executiva possui forte relação explícita com a equipe do projeto.	Diretoria executiva possui forte relação explícita com o departamento de marketing e vendas.	Diretoria executiva não possui relação explícita com o Ministério do Trabalho.	Diretoria executiva não possui relação explícita com a prefeitura.	Diretoria executiva possui forte relação com a empresa e com a marca TOP.
Equipe de projeto	Equipe de projeto não possui relação explícita com os acionistas.	Equipe de projeto não possui relação explícita com os consumidores	Equipe de projeto não possui relação explícita com a cooperativa.	Equipe de projeto possui forte relação explícita com o departamento financeiro.	Equipe de projeto possui forte relação com a diretoria executiva.		Equipe de projeto possui forte relação com o departamento de marketing.	Equipe de projeto não possui relação explícita com o Ministério do Trabalho.	Equipe de projeto não possui relação explícita com a prefeitura.	Equipe de projeto possui forte relação explícita com a empresa e a marca TOP.
Marketing e vendas	Departamento de marketing não possui relação explícita com os acionistas.	Departamento de marketing possui forte relação com os consumidores	Departamento de marketing não possui relação explícita com a cooperativa.	Departamento de marketing possui forte relação com o departamento financeiro.	Departamento de marketing possui forte relação com a diretoria executiva.	Departamento de marketing possui forte relação com a equipe de projeto.		Departamento de marketing não possui relação explícita como Ministério do Trabalho.	Departamento de marketing não possui relação explícita com a prefeitura.	Departamento de marketing possui forte relação com a empresa e a marca TOP.
Ministério do trabalho	Ministério do Trabalho não possui relação explícita com os acionistas.	Ministério do Trabalho não possui relação explícita com os consumidores.	Ministério do Trabalho possui relação com a cooperativa para fiscalizar as práticas trabalhistas.	Ministério do Trabalho não possui relação explícita como departamento financeiro.	Ministério do Trabalho não possui relação explícita como diretoria executiva.	Ministério do Trabalho não possui relação explícita com a equipe de projeto.	Ministério do Trabalho não possui relação explícita com o departamento de vendas e marketing.		Ministério do Trabalho não possui fortes relações a prefeitura, exceto pelo fato de ambos serem representantes do poder público.	Ministério do Trabalho possui relação com a empresa TOP para fiscalizar as práticas trabalhistas.

Continua

Stakeholders	Acionistas	Consumidor	Cooperativa de reciclagem	Departamento financeiro	Diretoria executiva	Equipe de projeto	Marketing e vendas	Ministério do Trabalho	Prefeitura municipal	TOP
Prefeitura municipal	Prefeitura não possui relação explícita com os acionistas.	Prefeitura não possui relação explícita com consumidores.	Prefeitura possui relação com a cooperativa na medida em que lhe interessa a criação e manutenção de empregos na cidade.	Prefeitura não possui relação explícita com o departamento financeiro.	Prefeitura não possui relação explícita com a diretoria executiva.	Prefeitura não possui relação explícita com a equipe do projeto.	Prefeitura não possui relação explícita com o departamento de marketing.	Prefeitura não possui fortes relações com o Ministério do Trabalho, exceto pelo fato de ambos serem representantes do poder público.		Prefeitura possui relação com a TOP na medida em que deseja manter e criar empregos.
TOP	A empresa TOP tem forte relação com seus acionistas.	A empresa TOP tem forte relação com seus consumidores.	A empresa TOP tem forte relação com seu departamento financeiro.	A empresa TOP tem forte relação com seu departamento financeiro.	A empresa TOP tem forte relação com sua diretoria executiva.	A empresa TOP tem forte relação com a equipe do projeto.	A empresa TOP tem forte relação com seu departamento de marketing.	A empresa TOP tem relação com o Ministério do Trabalho na medida em que é fiscalizada por este.	A empresa TOP tem relação com a prefeitura, já que é contribuinte de impostos.	

Quadro 10

IDENTIFICAÇÃO DO NÍVEL DE SOBREPOSIÇÃO ENTRE STAKEHOLDERS

	Descrição	Descrição
1	Consumidor	Tem sobreposição de interesses com a prefeitura na medida em que quer ver minimizado o impacto ambiental causado pelas embalagens de produto. Pode ser antagonista do projeto se houver aumento de preço por causa da reciclagem de embalagens.
2	Cooperativa de reciclagem	Por ser favorável ao projeto e desejar seu sucesso, possui sobreposição de interesses com a prefeitura, com o departamento financeiro, com o departamento de marketing e vendas e com o acionista. Entretanto, pode ser antagonista do departamento financeiro e do acionista na medida em que este deseja pagar o mínimo possível pelo serviço de reciclagem.
3	Prefeitura da cidade	Por ser favorável ao projeto e desejar que o mesmo tenha sucesso, possui sobreposição de interesses com a cooperativa de reciclagem, com o departamento financeiro, com o departamento de marketing e vendas e com o acionista.
4	Ministério do Trabalho	O interesse do Ministério do Trabalho é parcialmente sobreposto ao da prefeitura por fazer parte de um governo que quer gerar empregos formais. Entretanto, pode haver algum nível de antagonismo se as regras ditadas pela legislação trabalhistas não forem garantidas.
5	Departamento financeiro	Possui sobreposição de interesse com todos os *stakeholders* internos da TOP. Pode ser antagonista da cooperativa na medida em que deseja pagar o mínimo possível pelos serviços de reciclagem.
6	Departamento de marketing e vendas	Possui sobreposição de interesse com todos os *stakeholders* internos da TOP.
7	Diretoria executiva	Possui sobreposição de interesse com todos os *stakeholders* internos da TOP.
8	Acionista	Possui sobreposição de interesse com todos os *stakeholders* internos da TOP.
9	Equipe do projeto	Possui sobreposição de interesse com todos os *stakeholders* internos da TOP.

Requerimentos de comunicação dos stakeholders

O quadro 11 mostra a relação dos *stakeholders* do Projeto Recicla e define seus requerimentos quanto às comunicações.

Quadro 11

REQUISITOS DE COMUNICAÇÃO DOS STAKEHOLDERS

	Descrição	Requerimentos
1	Consumidor	Exige que a comunicação seja clara, de fácil entendimento, acessível nos pontos de compra e que mostre os benefícios do projeto.
2	Cooperativa de reciclagem	Deseja saber a data de entrada em operação, o volume estimado de reciclagem e zona geográfica de atendimento do serviço de reciclagem.
3	Prefeitura da cidade	Deseja saber a data de entrada em operação e o número de empregos gerados.
4	Ministério do Trabalho	Deseja saber a data de contratação de pessoas envolvidas com a reciclagem e as condições de trabalho.
5	Departamento financeiro	Deseja saber o orçamento e o fluxo de caixa em cada fase do projeto.
6	Marketing e Vendas	Deseja saber a data de entrada em operação e o volume esperado de reciclagem.
7	Diretoria executiva	Deseja entender a situação de andamento do projeto.
8	Acionista	Deseja ter informações do retorno do investimento de forma quantificada.
9	Equipe de projeto	Deseja ter informações detalhadas de andamento do projeto, dos seus problemas e questões.

Informações a serem distribuídas para os stakeholders

O quadro 12 mostra quais são as informações que serão distribuídas para cada um dos *stakeholders*, a língua a ser usada, o formato de comunicação a ser adotado e a periodicidade das comunicações. Esse quadro está relacionado com o processo 13.2 – Planejamento do gerenciamento de *stakeholders* do guia *PMBOK* (PMI, 2013a).

Quadro 12

INFORMAÇÕES A SEREM DISTRIBUÍDAS PARA OS STAKEHOLDERS

Stakeholder	Informações desejadas	Língua	Formato	Periodicidade e observações
1 Consumidor	Publicidade sobre a reciclagem.	Português.	Cartazes e internet.	Contínua quando em operação até seis meses após o aceite do projeto.
	Pontos de reciclagem.	Português.	Mapa.	Contínua quando em operação.
	Quantidade reciclada mensalmente quando em operação.	Português	Planilha eletrônica	Mensal. Contínua quando em operação.
	Percentual de embalagens recicladas mensalmente.	Português.	Planilha eletrônica.	Mensal. Contínua quando em operação.
2 Cooperativa de reciclagem	Volume mensal de recicláveis.	Português.	Planilha eletrônica.	Contínua quando em operação.
	Localização dos pontos de reciclagem.	Português.	Mapa.	Contínua quando em operação.
	Valores a serem pagos.	Português	Planilha eletrônica.	Contínua quando em operação.
3 Prefeitura da cidade	Data de entrada em operação.	Português.	Informação avulsa.	No início do projeto ou em caso de mudança da data de entrada em operação.
	Quantidade de empregos formais a serem criados mensalmente.	Português.	Planilha eletrônica.	No início do projeto ou em caso de mudança da data de entrada em operação.
4 Ministério do Trabalho	Data de início das operações.	Português.	Informação avulsa.	No início do projeto ou em caso de mudança da data de entrada em operação.
	Data de contratações.	Português.	Planilha eletrônica.	No início do projeto ou em caso de mudança da data de entrada em operação.
	Conformidade com a legislação.	Português.	Parecer técnico.	No início do projeto.

Continua

Stakeholder	Informações desejadas	Língua	Formato	Periodicidade e observações
5 Departamento financeiro	Orçamento do projeto.	Português.	Planilha eletrônica.	No início do projeto.
	Fluxo de caixa semanal do projeto.	Português.	Planilha eletrônica.	Semanal durante o projeto.
6 Marketing e vendas	Data de entrada em operação.	Português.	Informação avulsa.	No início do projeto ou em caso de mudança da data de entrada em operação.
	Volume mensal de recicláveis.	Português.	Planilha eletrônica.	Contínua quando em operação.
7 Diretoria executiva	Situação do projeto e dos resultados.	Português.	Relatórios executivos.	Mensalmente.
8 Acionistas	Custo e benefício do projeto após entrada em operação.	Português e inglês.	Planilha eletrônica.	Após seis meses de operação. Observe que é necessário o uso da língua inglesa porque existem acionistas estrangeiros.
9 Equipe de projeto	Todas as informações do projeto em detalhes.	Português.	Banco de dados, planilhas, documentos escritos e acompanhamento do cronograma.	Semanal.

Justificativa da distribuição de informações

O quadro 13 mostra a justificativa de distribuição de cada uma das informações que devem ser passadas para os *stakeholders* do Projeto Recicla e está relacionado com o processo 13.2 – Planejamento do gerenciamento de *stakeholders* do guia *PMBOK* (PMI, 2013a).

Quadro 13
Justificativa da distribuição de informações

Descrição	Informações desejadas	Justificativa da distribuição de informações
1 Consumidor	Publicidade sobre a reciclagem.	Tornar o cliente consciente da iniciativa de reciclagem.
	Pontos de reciclagem.	Tornar o cliente ciente dos pontos de reciclagem.
	Quantidade reciclada mensalmente quando em operação.	Mostrar ao cliente que a empresa se preocupa com a questão ambiental.
	Percentual de embalagens recicladas mensalmente.	Mostrar ao cliente que a empresa se preocupa com a questão ambiental.
2 Cooperativa de reciclagem	Volume mensal de recicláveis.	Fornecer dados para a cooperativa fazer seu planejamento.
	Localização dos pontos de reciclagem.	Fornecer dados para a cooperativa fazer seu planejamento.
	Valores a serem pagos.	Fornecer dados para a cooperativa fazer seu planejamento.
3 Prefeitura da cidade	Data de entrada em operação.	Dar conhecimento à prefeitura do início das operações.
	Quantidade de empregos formais a ser criado mensalmente.	Dar a conhecer à prefeitura o benefício do projeto em termos de postos de trabalho.
4 Ministério do Trabalho	Data de início das operações.	Fornecer dados para o ministério fazer seu planejamento de fiscalização.
	Data de contratações.	Fornecer dados para o ministério fazer seu planejamento de fiscalização.
	Conformidade com a legislação.	Fazer com que o Ministério do Trabalho não penalize a empresa por conta de não conformidades.

Continua

Descrição	Informações desejadas	Justificativa da distribuição de informações
5 Departamento financeiro	Orçamento do projeto.	Fornecer dados para o financeiro fazer seu planejamento de caixa.
	Fluxo de caixa semanal do projeto.	Fornecer dados para o financeiro fazer seu controle semanal de caixa.
6 Marketing e vendas	Data de entrada em operação.	Fornecer informações para divulgação aos clientes.
	Volume mensal de recicláveis.	Fornecer informações para divulgação aos clientes.
7 Diretoria executiva	Andamento do projeto e seus resultados.	Tomar medidas de correção, se necessário.
8 Acionistas	Custo e benefício do projeto após entrada em operação.	Mostrar aos acionistas que o capital foi bem empregado.
9 Equipe de projeto	Andamento do projeto e seus resultados.	Tomar medidas de correção, se necessário.

Método para atualizar e refinar o plano de gerenciamento de stakeholders

O método descrito a seguir está relacionado com o processo 13.2 – Planejamento do gerenciamento de *stakeholders* do guia *PMBOK* (PMI, 2013a):

- o plano de gerenciamento de *stakeholders* será atualizado mensalmente pelo gerente de projeto, com a contribuição dos demais membros da equipe;
- a revisão do plano se dará todo dia 25 de cada mês (ou dia subsequente em caso de dia não útil), de forma a se ter uma versão atualizada do plano de gerenciamento de *stakeholders* no dia primeiro de cada mês, até o final do projeto;
- a atualização do plano de gerenciamento de *stakeholders* deve seguir o fluxograma mostrado na figura 14.

Figura 14

MÉTODO DE REFINAMENTO DO PLANO DE GERENCIAMENTO DE STAKEHOLDERS

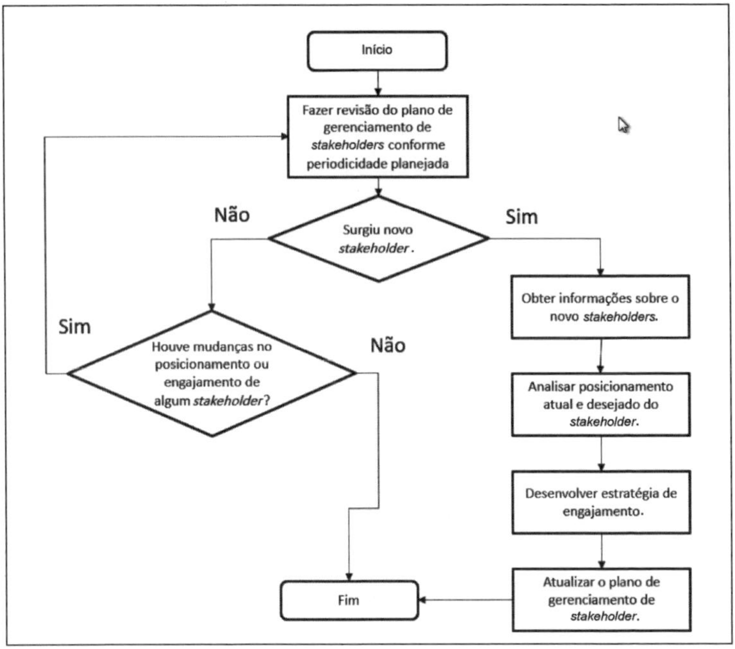

Formulários sugeridos

O processo 13.2 – Planejamento do gerenciamento de *stakeholders* (PMI, 2013a) define diversos formulários que devem ser usados nos processos de gerenciamento de *stakeholders*. A seguir estão apresentados os formulários mais comumente sugeridos para inclusão em planos de gerenciamento de *stakeholders*.

Formulário de controle de questões e problemas

O guia *PMBOK* (PMI, 2013a) recomenda que se mantenha um formulário de controle de questões e problemas conforme o exemplo mostrado na quadro 14.

Quadro 14

Formulário de controle de questões e problemas

Item	Descrição	Responsável	Data registro	Data prevista de solução	Data real de solução
1	Reclamação do consumidor Álvaro Camargo de que existe grande quantidade de embalagens usadas jogadas no rio Piracicaba.	Pedro Silva	2/9/2013	10/9/2013	15/9/2013
2	Notificação do Ministério do Trabalho de que existem trabalhadores da cooperativa de reciclagem que estão trabalhando sem o devido registro, conforme especificado pela legislação trabalhista.	Paula Zygel	5/9/2013	20/9/2013	Pendente

Formulário de solicitação e análise de mudanças

Todo projeto deve definir formas de análise de impacto e aprovação de mudanças solicitadas por *stakeholders* (PMI, 2013). O quadro 15 mostra o exemplo de um formulário para solicitar e analisar mudanças de projetos.

Formulário de registro de mudanças de requisitos

Todo projeto apresenta requisitos que são definidos por *stakeholders* (PMI, 2013). Em projetos, é comum ter diversos *stakeholders*. Justamente por isso é necessário ter um mecanismo de controle de mudanças dos requisitos. Sem um controle desse tipo, seria impossível saber se as demandas dos *stakeholders* foram atendidas. O quadro 16 mostra um exemplo de formulário para registro de mudanças de requisitos.

Quadro 15

FORMULÁRIO DE SOLICITAÇÃO E ANÁLISE DE MUDANÇAS

Cód. projeto	*Nome do projeto*	*Cliente ou usuário solicitante*	*Data solicitação*
1023	Recicla	Marketing e vendas	24/3/2013
Responsável no cliente ou usuário		*Gerente do projeto*	*Da análise*
José Ângelo Santos do Valle		Edmarson Bacelar Mota	30/3/2013
Descrição da mudança			
Alterar a tecnologia para fabricação das embalagens recicláveis.			
Necessidade da mudança			
A tecnologia originalmente proposta é cara e existe opção equivalente com menor custo.			
Solução proposta			
Adotar a tecnologia de embalagem XYZ da empresa Ômega, que é aproximadamente 35% mais barata, é equivalente em termos de eficácia na solução do do problema de reciclagem e não cria problemas adicionais.			
Impacto no escopo do produto ou do projeto			
Não haverá alteração de escopo do projeto.			
Riscos ocasionados pela mudança e ações de contingência necessárias			
O maior risco é a possibilidade de atraso na entrega das novas embalagens em regime de produção. A empresa Ômega está lidando com uma situação de alta demanda em função das excelentes características do seu produto. Como a TOP não é seu maior cliente, o poder de barganha para que a produção de embalagens da TOP sejam priorizadas é baixo.			
Impacto nos prazos e nos marcos do projeto			
O prazo do projeto será aumentado em dois meses no mínimo.			
Impacto na equipe do projeto			

Continua

Não há impacto significativo para a equipe de projeto. Apenas é necessário desenvolver a contratação do novo fornecedor.			
Impacto nos terceiros e subcontratados			
Não há impacto em terceiros a não ser na própria Ômega, que precisa estar preparada para atender à demanda da TOP.			
Impacto financeiro (custos, receitas, lucro etc.)			
Cada mês de atraso no projeto representa uma perda de R$ 500 mil em receitas e um lucro líquido esperado de R$ 100 mil. Tendo em vista que o projeto atrasará no mínimo dois meses, o impacto mínimo será de R$ 1 milhão em receitas e de R$ 200 mil em lucro líquido.			
Decisão (aceito, rejeitado, aceito com restrições ou alterações)			
Comentários			
Apesar dos riscos, o custo da embalagem Ômega é significativamente menor e seu uso deve ser incentivado. O uso da alternativa mais próxima corroeria a margem de contribuição do produto em cerca de 20%.			
Assinaturas – autorização			
Departamento/setor	*Nome*	*Data*	*Assinatura*
			____________
			____________

Quadro 16

FORMULÁRIO DE REGISTRO DE MUDANÇAS DE REQUISITOS

Código do projeto	Nome do projeto	Preparado por	Data preparação
1023	Recicla	Alvaro Camargo	1/6/2013
Produto	**Pessoa de contato**	**E-mail**	**Telefone**
Embalagem para refrigerante	Claudia Arroios	claudia.arroios@top.com.br	2222-3333

Código requisito	Descrição do requisito	Descritivo da mudança	Prioridade	*Status*	Data do *status*	Versão
1	Cor da embalagem	Alterar a cor predominante da embalagem para verde.	Essencial	Em processo de execução	28/9/2013	1
2	Logotipo de sustentabilidade	Acrescentar na embalagem do produto um logotipo que mostre que o produto está relacionado com gestão sustentável.	Essencial	Em testes internos	29/9/2013	1

Legenda dos campos:

- Prioridade – este campo pode assumir os seguintes valores:
  - essencial;
  - importante;
  - secundário.
- *Status* – este campo pode assumir os seguintes valores:
  - aprovado para implantação imediata;
  - aprovado para implantação futura;
  - rejeitado para implantação;
  - em processo de execução;
  - em testes internos;
  - em homologação;
  - implantado.
- Versão – este campo define a versão em que o requisito teve seu *status* alterado.

Colocar em anexo os termos de aceitação de fases, produtos e aceitação final.

Apêndice B
Estudo de caso North Europe – Projeto de implantação de escritório de gerenciamento de projeto (PMO)

A North Europe, grande multinacional francesa no ramo de beleza, é especializada em produtos para cabelos, perfumes, protetores solares e produtos dermatológicos. A empresa atua em 60 países e está buscando se transformar na líder global em cosméticos, criando um clima de alta competitividade interna. Sua filial brasileira teve dois anos de resultados inferiores aos determinados pela matriz e, por isso, está passando por um grande projeto de reestruturação.

Para que os gerentes da filial brasileira pudessem organizar melhor a empresa, buscando assim atingir suas metas e reestruturar a organização, foi contratado o desenvolvimento de um novo planejamento estratégico. Uma renomada consultoria internacional foi contratada para orientar esse processo. A área de tecnologia da informação (TI) foi detectada como um dos principais gargalos da organização. Também foi contratada uma segunda grande consultoria para desdobrar esse planejamento estratégico em ações específicas para a TI da North Europe e executá-las.

Nesse momento ficou clara a necessidade de criar um PMO (*project management office*) para a área de TI. Foi acertado que o PMO seria responsável pelo desenho dos seus próprios processos, pelo acompanhamento de todos os projetos da TI resultantes do planejamento estratégico, pela implantação de uma ferramenta para acompanhamento desses projetos e pelo desenvolvimento de uma metodologia de gerenciamento de projetos.

O organograma da North Europe é apresentado na figura 15.

Figura 15
Organograma da North Europe

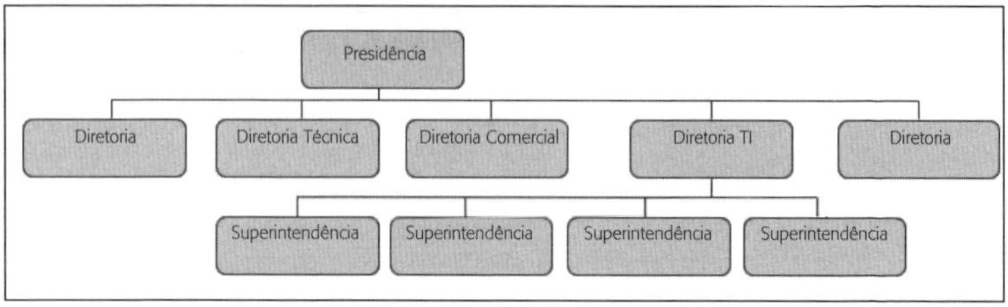

O presidente da North Europe solicitou seu desligamento da empresa para que pudesse seguir com seus projetos particulares. Assumiu seu lugar o diretor financeiro.

Essa mudança gerou um aumento ainda maior de competição dentro da diretoria e também causou atraso no andamento das mudanças sugeridas pelo planejamento estratégico.

O novo presidente sentiu necessidade de uma imersão nos projetos propostos, para que pudesse obter um conhecimento maior de todas as transformações sugeridas para a empresa.

A diretoria é composta por cinco diretores. Cada um atua em segmentos diferenciados da empresa, e cada diretoria é formada por um grupo de superintendentes, responsáveis por equipes separadas por especialidade.

Cada superintendência possui estrutura própria, não havendo qualquer padrão. Cada uma delas trabalha com uma metodologia diferente e com a própria estrutura hierárquica.

As superintendências de TI possuem uma estrutura mais organizada porque seu diretor tem experiência em organizações com maior nível de maturidade em gestão, e as superintendências são estruturadas da mesma forma, como a seguir:

- Gerência de Sustentação – responsável pela manutenção dos sistemas legados;
- Gerência de Projetos – responsável pela alocação e desenvolvimento dos projetos;
- Gerência de Requisitos – responsável pelo entendimento e detalhamento dos requisitos de negócio.

O projeto: implantação do PMO

Você faz parte do grupo que foi contratado pela North Europe para criar o que eles imaginam ser a solução para os problemas da área de TI: a implantação de um PMO departamental.

Em conversa com o diretor de TI, que decidiu contratar a consultoria por ter visto um modelo similar em uma empresa concorrente, foi possível perceber que a organização vem enfrentando as seguintes dificuldades:

- falta de integração entre as áreas funcionais no desenvolvimento de projetos;
- grande disputa entre as superintendências, o que está prejudicando o andamento dos projetos;
- nenhum tempo dedicado ao planejamento de projetos, por ser visto por alguns gerentes como um controle maior de sua área;
- falta de comprometimento em relação às informações referentes ao trabalho que cada superintendência executa em projetos multidisciplinares. Os projetos que acontecem em cada área são reportados à diretoria pelos superintendentes, porém, quando o projeto é multidisciplinar, há desentendimentos sobre a responsabilidade do mesmo;
- baixo conhecimento de gerenciamento de projetos pelos gerentes da empresa;

- falta de informações confiáveis referentes aos projetos de TI para reportar à diretoria e aos conselhos de administração e fiscal;
- baixa cultura de gerenciamento de projetos na organização, mesmo já tendo sido identificado pela diretoria que a estratégia da organização é implantada por meio de projetos;
- falta de apoio ao projeto por parte de alguns superintendentes, com exceção dos superintendentes de sistemas financeiros e de governança, que compraram a ideia e querem que o PMO fique ligado diretamente às suas áreas.

A empresa de consultoria contratada para elaborar e executar o planejamento estratégico de TI, após alguns levantamentos, decidiu fazer na própria organização uma análise de *stakeholders* para o projeto de implantação do PMO.

A identificação dos *stakeholders* e suas mutualidades estão definidas no quadro 17. Mutualidade é a identificação daquilo de que o projeto precisa do *stakeholder* e o daquilo que o mesmo exige para apoiar o projeto. É na mutualidade que se identificam as expectativas dos *stakeholders* e também do projeto. Sem essa identificação, não é possível gerenciar *stakeholders*.

Quadro 17

STAKEHOLDERS DO PROJETO E SUAS MUTUALIDADES

Id	Nome do *stakeholder* (cargo)	Mutualidade
1	Daniel Fergunson (Presidente)	Maior credibilidade nas informações passadas por TI sobre os projetos. Daniel é novo no cargo e está buscando um maior entendimento das mudanças propostas, com poder de modificações no planejamento. Busca um melhor desempenho da empresa com redução de custos operacionais.
2	Cris Balber (Diretor de TI)	Melhoria das dificuldades que organização enfrenta hoje com seus projetos, aumentando o controle de prazo e custos dos projetos. Precisa obter mais desempenho com menor custo e maior qualidade em sua diretoria. Cris é parte importante do projeto pois será o responsável pelas aprovações e definições necessárias para os processos do PMO. Necessita de controle e visibilidade sobre a carteira de projetos.

Continua

Id	Nome do *stakeholder* (cargo)	Mutualidade
3	Ed Kalango (Superintendente de governança)	Entende que esse projeto, dando certo, lhe trará maior visibilidade no Conselho de Administração. Possui uma grande disputa por poder com o diretor Lito Botelho, o que dificulta o entendimento entre as partes. Centraliza todas as solicitações antes de chegar ao Cris Balber, o que às vezes emperra o processo. Conta muito com sua coordenadora Angel Pietras, que, por não ter conhecimento específico, também segura as informações e não tem confiança para ir em frente.
4	Alex Godinho (Gerente de qualidade)	Está mais focado em projetos nos quais está diretamente envolvido. Estará envolvido somente na definição da metodologia de gerenciamento de projetos, em que terá uma interface com o PMO. Como está ligado a Ed Kalango, aceita o projeto e não apresenta restrição que o atrapalhe.
5	Ed Vierrá (Superintendente de sistemas financeiros)	Entende que essa iniciativa lhe trará maior agilidade e assertividade em seus projetos. Ed, que está engajado no desenho do novo modelo de acompanhamento de custo dos projetos, será fundamental no desenvolvimento dos processos do PMO e de gerenciamento de projetos. Ed tem a confiança de Cris Balber.
6	Angel Pietras (Coordenadora de um grupo coletor de informações de projetos)	Considera que era essa a iniciativa de que precisava para mudar a cultura organizacional. Porém, não possui nenhum conhecimento em PMO e gerenciamento de projetos. Como pessoa de confiança de Ed Kalango e Cris Balber, possui grande poder de barganha e negociação, porém, devido a sua insegurança, não está conseguindo exercer tal poder. Ela será a responsável pelo novo PMO. Possui uma equipe altamente capacitada e que está em rota de colisão com ela.
7	Lito Coelho (Superintendente de sistemas)	Teme que essa iniciativa lhe dê mais trabalho e aumente a burocracia e o controle em sua área de atuação; não enxerga as vantagens do PMO. Está se sentindo isolado devido ao afastamento de Ed Kalango, e por isso está tentando montar controles próprios para mostrar capacidade de gestão e minimizar a força da Superintendência de Governança. Sua área é importante para o negócio da empresa.
8	Doisberto Alves (Gerente da Superintendência de Sistemas, responsável pela gestão da transformação)	Aparentemente é favorável à implantação do PMO, porém suas atitudes não estão coerentes com seu discurso. Não repassa as informações necessárias e trabalha de forma blindada e com processos próprios. Grande proximidade com o diretor de TI, o que facilita suas atitudes, alegando que Cris Balber está ciente de suas atividades. Foi nomeado responsável pelo processo de reestruturação, assumindo o cargo de gestor da transformação, nomeação essa que poderá frustrar e reduzir o poder de Ed Kalango. Ajudou a estruturar sua área com processos e metodologias próprios. Conhecedor do negócio de estética.

Continua

Id	Nome do *stakeholder* (cargo)	Mutualidade
9	Will Astúrias (Gerente de projeto)	Entende os benefícios de se trabalhar com boas práticas de gerenciamento de projetos e acha que um PMO ajudará muito os trabalhos que desempenha. Vem sendo muito criticado em reuniões de comitê por Cris Balber. A princípio, não será envolvido no levantamento dos processos de gerenciamento de projetos e nem nos processos do PMO.
10	Rafa Marques (Membro do comitê financeiro)	Acha que essa é a oportunidade de melhorar o acompanhamento dos custos do projeto. Pessoa que detém o poder de fornecer os valores realizados dos projetos. Entra em colisão com Ed Vierrá, que defende a verificação dos valores financeiros e não dos valores contábeis. Rafa, porém, defende que a organização não está preparada para visualizar essa forma de controle devido a existirem várias fontes de informações sobre pagamentos.
11	Alisson Wagnusson (Superintendente de infra)	Não acha que essa iniciativa impactará sua área. Seus projetos são tratados como demandas internas. Reporta-se diretamente ao diretor de TI. Está reativo em apresentar seus projetos ao PMO, devido ao baixo conhecimento em gerenciamento de projetos de sua equipe. Também não será envolvido na definição dos processos de gerenciamento de projetos e dos processos do PMO. Será importante no projeto de atualização da ferramenta, em que deverá ser envolvido para definição da infraestrutura.
12	Rex Espólio (Gerente do projeto de implantação do PMO)	Ligado diretamente a Lito Coelho, não tem autonomia para opinar. Concorda sempre com a superintendência da empresa. Será muito envolvido no projeto quando da definição dos processos de gerenciamento de projetos e do PMO. Responsável pelos gerentes de projetos da área de beleza, Rex detém o conhecimento do negócio e do fluxo de informações necessárias para o acompanhamento dos projetos.

O quadro 18 satisfaz o processo 13.1 – Identificação de *stakeholders* do guia *PMBOK* (PMI, 2013). Ele mostra o resultado da análise de *stakeholders*. Veja os quadros que o seguem para entender o significado de cada coluna e os critérios para definição dos valores que foram usados para preenchê-las.

Quadro 18

MATRIZ DE ANÁLISE DE STAKEHOLDERS

					Urgência			Atual		Desejada	
ID	**Nome do stakeholder**	**Cargo**	**Poder**	**Proximidade**	**Valor**	**Ação**	**Índice de prioridade**	**Receptividade**	**Apoio**	**Receptividade**	**Apoio**
1	Daniel Fergunson	Presidente	4	1	3	2	**10**	3	5	3	5
2	Cris Balber	Diretor de TI	4	1	4	3	**12**	3	5	3	5
3	Ed Kalango	Superintendente de governança	3	3	5	5	**16**	5	5	5	5
4	Alex Godinho	Gerente de qualidade	2	2	1	1	**6**	1	3	3	3
5	Ed Vierrá	Superintendente de sistemas financeiros	3	3	3	2	**11**	5	5	3	5
6	Angel Pietras	Coordenadora de um grupo coletor de informações de projetos	3	4	2	5	**14**	3	4	3	5

Continua

					Urgência			Atual		Desejada	
ID	Nome do stakeholder	Cargo	Poder	Proximidade	Valor	Ação	Índice de prioridade	Receptividade	Apoio	Receptividade	Apoio
7	Lito Coelho	Superintendente de sistemas	3	2	2	2	**9**	1	1	3	3
8	Doisberto Alves	Gerente da Superintendência de Sistemas	1	1	2	2	**6**	2	2	2	4
9	Will Astúrias	Gerente de projeto	1	1	1	1	**4**	4	5	3	3
10	Rafa Marques	Membro do comitê financeiro	2	1	2	1	**6**	2	4	4	4
11	Alisson Wagnusson	Superintendente de infra	3	2	1	1	**7**	3	3	3	3
12	Rex Espólio	Gerente do projeto de implantação do PMO	2	4	2	1	**9**	1	3	3	3

Explicação das colunas do Quadro 18

Os quadros a seguir mostram a explicação e o critério de preenchimento das colunas do quadro 18.

Quadro 19

COLUNA "PODER"

<table>
<tr><td rowspan="6">Poder</td><td colspan="2">Esta coluna define qual a autoridade que o stakeholder tem para gerar grandes mudanças no projeto. Não é obrigatoriamente poder formal na organização. Pode ser qualquer pessoa que, mesmo não tendo poder formal na estrutura da organização, tem autoridade no projeto. As classificações de notas para esta coluna estão definidas a seguir.</td></tr>
<tr><td>Valor da nota</td><td>Explicação</td></tr>
<tr><td>4</td><td>Alta capacidade formal de gerar mudanças no projeto. Tem poder para parar o projeto.</td></tr>
<tr><td>3</td><td>Alguma capacidade em causar mudanças formais no projeto. Deve ser consultado ou deve aprovar.</td></tr>
<tr><td>2</td><td>Significativa capacidade de causar mudanças no projeto, ainda que de maneira informal.</td></tr>
<tr><td>1</td><td>Baixo nível de poder para causar mudanças no projeto.</td></tr>
</table>

Quadro 20

COLUNA "PROXIMIDADE"

<table>
<tr><td rowspan="6">Proximidade</td><td colspan="2">Esta coluna define quão próximo ao dia a dia do projeto está o stakeholder. Observa que não é proximidade física do projeto. Trata-se de proximidade em relação ao processo de geração das entregas ao longo do projeto.</td></tr>
<tr><td>Valor da nota</td><td>Explicação</td></tr>
<tr><td>4</td><td>Diretamente envolvido. Membro full time do projeto.</td></tr>
<tr><td>3</td><td>Trabalha rotineiramente no projeto, mas não necessariamente full time.</td></tr>
<tr><td>2</td><td>Parte que trabalha para o projeto, mas não está em contato direto com o mesmo. Usualmente são fornecedores.</td></tr>
<tr><td>1</td><td>Participante que trabalha relativamente afastado da equipe de projeto.</td></tr>
</table>

A coluna de "urgência" é o critério mais variável ao longo do tempo por estar associado diretamente às expectativas dos *stakeholders*. É uma medida da ação que o *stakeholder* tomaria para alcançar seus resultados esperados. Pela dificuldade em definir de forma consistente esse critério, o mesmo foi decomposto em dois valores distintos: valor e ação. A explicação do significado de valor e ação está colocada a seguir.

Quadro 21

COLUNA "URGÊNCIA/VALOR"

Urgência/ valor	Este item determina a estimativa de quanto o *stakeholder* está apostando nos resultados do projeto.	
	Valor da nota	**Explicação**
	5	A aposta é alta e pessoal no resultado do projeto, tanto para o sucesso como para o fracasso.
	4	A aposta é alta e percebe o resultado como importante, podendo esse resultado ser considerado um benefício ou uma ameaça.
	3	A aposta é média. Existe alguma aposta direta no resultado.
	2	A aposta é baixa. Existe uma aposta indireta no resultado.
	1	A aposta é muito baixa ou nula.

Quadro 22

COLUNA "URGÊNCIA/AÇÃO"

Urgência/ ação	Este item determina o quão provável é que o *stakeholder* tome ações positivas ou negativas para influenciar o projeto e seus resultados.	
	Valor da nota	**Explicação**
	5	Probabilidade muito alta. O *stakeholder* fará o que for necessário para influenciar.
	4	Probabilidade alta. O *stakeholder* provavelmente fará um esforço significativo para influenciar.
	3	Probabilidade média. O *stakeholder* está preparado para fazer algum esforço para influenciar.
	2	Probabilidade baixa. O *stakeholder* tem potencial para tentar influenciar o trabalho.
	1	Probabilidade muito baixa. É pouco provável que o *stakeholder* influencie ou impacte o projeto.

O quadro 18 desenvolve a análise do conjunto de *stakeholders* do projeto, atendendo aquilo que é preconizado no processo 13.2 – Planejar o gerenciamento de *stakeholders* do guia *PMBOK* (PMI, 2013), ou seja, a análise dos *stakeholders* do projeto. Trata-se de um elemento-chave na elaboração do plano de gerenciamento de *stakeholders*. Além disso, também mostra o estado atual e desejado de engajamento dos *stakeholders*. A definição do quadro atual e desejado de engajamento é outro item que consta do mencionado processo 13.2.

O quadro 23 mostra o escopo e o impacto que será causado pelas mudanças impostas pelo projeto de implantação do PMO, de forma a atender também o processo de planejamento do gerenciamento de *stakeholders* conforme definido pelo guia *PMBOK* (PMI, 2013).

Quadro 23

Escopo e impacto de mudanças para os stakeholders

Id	Nome do *stakeholder* (cargo)	Escopo e impacto de mudanças para os *stakeholders*
1	Daniel Fergunson (Presidente)	❑ Escopo de mudança: o escopo de mudanças abrange as responsabilidades inerentes ao seu cargo. ❑ Impacto: alto e positivo. Afeta diretamente o trabalho desse *stakeholder* de forma positiva.
2	Cris Balber (Diretor de TI)	❑ Escopo da mudança: é alto, já que afetará todos os projetos de TI. ❑ Impacto: a implantação bem-sucedida do projeto melhorará as dificuldades que organização enfrenta hoje com seus projetos, aumentando o controle de prazo e custos dos projetos.
3	Ed Kalango (Superintendente de governança)	❑ Escopo da mudança: impacta diretamente sua função, pois, com o PMO, os projetos terão melhor governança. Isso contribui fortemente para a governança geral da empresa. ❑ Impacto: é alto. Um PMO define processos racionais de seleção e gerenciamento de projetos.

Continua

4	Alex Godinho (Gerente de qualidade)	❑ Escopo da mudança: nesse caso, o escopo do projeto do PMO afeta diretamente Alex, já que o mesmo trabalha em projetos. ❑ Impacto: existe um impacto, mas não é tão significativo, já que Alex já faz uso de métodos de qualidade em projetos que serão incorporados aos processos que o PMO vai implantar para gerenciar projetos.
5	Ed Vierrá (Superintendente de sistemas financeiros)	❑ Escopo de mudança: altera a forma de monitoramento de custos dos projetos. ❑ Impacto: é positivo na medida em que o PMO lhe trará maior agilidade e assertividade nos projetos de sua área.
6	Angel Pietras (Coordenadora de um grupo coletor de informações de projetos)	❑ Escopo da mudança: afeta a questão cultural na estrutura da organização. ❑ Impacto: positivo.
7	Lito Coelho (Superintendente de sistemas)	❑ Escopo da mudança: o projeto muda a forma como Lito trabalha e cria a possibilidade de aumento de burocracia. ❑ Impacto: negativo na percepção do *stakeholder*. Ele enxerga aumento de burocracia e de controle e não consegue ver benefícios.
8	Doisberto Alves (Gerente da Superintendência de Sistemas, responsável pela gestão da transformação)	❑ Escopo da mudança: o escopo da mudança atinge de forma profunda o funcionamento da Superintendência de Sistemas, já que todos os projetos de sistemas devem se submeter às regras do PMO. ❑ Impacto: aparentemente o impacto é negativo, considerando a forma de comportamento desse *stakeholder*.
9	Will Astúrias (Gerente de projeto)	❑ Escopo: afeta totalmente o método de trabalho do *stakeholder*. ❑ Impacto: é positivo, já que o *stakeholder* entende os benefícios de se trabalhar com boas práticas de gerenciamento de projetos e acha que um PMO ajudará muito os trabalhos que desempenha.
10	Rafa Marques (Membro do comitê financeiro)	❑ Escopo: afeta de forma marginal a operação do comitê financeiro. O PMO melhora a governança dos projetos, mas não muda a rotina do comitê financeiro. ❑ Impacto: positivo. Trata-se de uma oportunidade de melhorar o desempenho dos projetos e, com isso, melhorar seus custos de desenvolvimento.

Continua

11	Alisson Wagnusson (Superintendente de infra)	❑ Escopo: a implantação do PMO não afeta a necessidade da área de infra de fazer projetos e tampouco muda de forma significativa sua rotina interna ligada à operação. O ponto que mais afeta são os projetos novos a serem desenvolvidos. ❑ Impacto: na opinião do *stakeholder*, a implantação do PMO não vai impactar sua área, o que é, pelo menos inicialmente, positivo. Entretanto, está claro que haverá um impacto na medida em que mesmo os projetos de infra terão de se submeter às regras que o PMO vai estabelecer.
12	Rex Espólio (Gerente do projeto de implantação do PMO)	❑ Escopo: todo o escopo do projeto está sob sua responsabilidade como gerente do projeto de implantação do PMO. ❑ Impacto: o desenvolvimento do projeto em questão é o maior elemento de impacto no trabalho do *stakeholder*.

Os autores

José Ângelo Santos do Valle

Doutor e mestre em engenharia pela Universidade Federal Fluminense (UFF). Engenheiro civil pela Universidade Federal do Rio de Janeiro (UFRJ). Trabalhou 23 anos na Promon Engenharia. Professor convidado e coordenador do curso de MBA em Gerenciamento de Projetos. Consultor de empresas como Embraer, TV Globo e Petrobras. Fundador e ex-presidente do Project Management Institute (PMI) – Rio de Janeiro. Atua no PMI – USA como gerente adjunto do Comitê de Tradução do guia *PMBOK*. Apresentou artigos e palestras em países da Europa, na África do Sul, no Japão, Estados Unidos e Canadá, recebendo troféus e placas. Fundador e membro do Comitê de Estudos (CE-93) sobre Gerenciamento de Projetos (GP) da Associação Brasileira de Normas Técnicas (ABNT). Representa a ABNT na International Standard Organization (ISO). É membro fundador do *work group* Terminology in Project Management, da ISO. Trabalhou na elaboração da norma internacional ISO 21.500 sobre *project management*.

Álvaro Antônio Bueno de Camargo

Mestre em administração de empresas pela Universidade Presbiteriana Mackenzie, é certificado como PMP (*project management professional*) pelo Project Management Institute. É MBA em administração de projetos pela Fundação Instituto de Administração (FIA) da Universidade de São Paulo (USP) e graduado em ciências da computação pela Universidade Paulista. É autor de diversos artigos científicos na área de capacidades dinâmicas das organizações e em gerenciamento de projetos. Desenvolveu trabalhos em projetos nas áreas de estratégia de negócios, indústria, energia, sistemas de informação, marketing, sustentabilidade, transporte, mudanças organizacionais e em projetos militares. Já atuou nos Estados Unidos, Japão, Peru, Angola e Argentina. É professor convidado dos cursos de pós-graduação *lato sensu* do FGV Management.

Edmarson Bacelar Mota

Doutor em administração (UNaM – Argentina), mestre em engenharia e engenheiro eletrônico (PUC-RJ). Como executivo, atuou em funções diversas: projetos, planejamento, marketing, comercial e qualidade. Atua como docente em universidades há 30 anos. É coordenador, professor e consultor em diversos programas da FGV. É também coordenador acadêmico em MBAs da FGV, com destaque para Gerenciamento de Projetos, Desenvolvimento Humano de Gestores e Programas Corporativos. Dedica-se exclusivamente a atividades docentes e consultoria, com ênfase em projetos e desenvolvimento humano e gerencial. É coautor dos livros *Gestão da qualidade e processos* e *Gerenciamento de stakeholders em projetos*, ambos publicados pela Editora FGV. É autodidata, com visão e abordagem holísticas.

Paula Misan Klajnberg Zygielszyper

MBA em gerenciamento de projetos pela Fundação Getulio Vargas (FGV). Certificada como PMP (*Project Management Professional*) pelo Project Management Institute (EUA) e *scrum master* pela Scrum Alliance. Foi consultora das empresas: Petrobras, Vale, Ponto Frio, Wal-Mart, Cemig, Fiat, Coca-Cola, GRSA, Odebrecht, Sul América, TV Globo, Michelin, Oi, Serasa Experian, entre outras, em projetos de implantação de escritórios de gerenciamento de projetos, desenvolvimento de metodologias em gerenciamento de projetos, desenvolvimento de metodologias para gerenciamento do portfólio de projetos, identificação e categorização de projetos nas organizações, condução de pesquisas e estudos de *benchmarking*, avaliações de maturidade em gerenciamento de projetos. Professora convidada do FGV Management.

Este livro foi impresso nas oficinas gráficas da Editora Vozes Ltda.,
Rua Frei Luís, 100 – Petrópolis, RJ.